Daniela Blickhan
Persönlichkeits-Panorama
Angewandtes NLP in Beratung und Coaching

Ausführliche Informationen zu dem Buch „Mit Kindern wachsen"
von Daniela Blickhan sowie zu jedem unserer lieferbaren
und geplanten Bücher finden Sie im Internet unter
www.junfermann.de – mit ausführlichem Infotainment-Angebot
zum JUNFERMANN-Programm

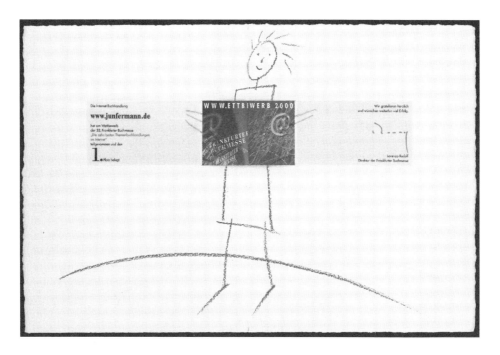

www.junfermann.de: 1. Platz im Wettbewerb
„Beste Themenbuchhandlung im Internet"

Daniela Blickhan ist auch Autorin des e-books „Nerv nicht so, Mama" bei
www.active-books.de – dort finden Sie auch weitere Informationen zu dem
erwähnten Titel.

Daniela Blickhan

Persönlichkeits-Panorama

Angewandtes NLP in Beratung und Coaching

Junfermann Verlag • Paderborn
2001

Copyright © Junfermannsche Verlagsbuchhandlung, Paderborn 2001

Alle Rechte vorbehalten.
Das Werk einschließlich aller seiner Teile ist urheberrechtlich geschützt. Jede Verwendung außerhalb der engen Grenzen des Urheberrechtsgesetzes ist ohne Zustimmung des Verlages unzulässig und strafbar. Das gilt insbesondere für Vervielfältigungen, Übersetzungen, Mikroverfilmungen und die Einspeicherung und Verarbeitung in elektronischen Systemen.

Satz: La Corde Noire – Peter Marwitz, Kiel

Die Deutsche Bibliothek – CIP-Einheitsaufnahme
Blickhan, Daniela:
Persönlichkeits-Panorama: Angewandtes NLP in Beratung und Coaching / Daniela Blickhan – Paderborn: Junfermann, 2001.
ISBN 3-873387-459-8

ISBN 3-87387-459-8

Inhalt

1. Einführung 7
1.1   Was ist das Persönlichkeits-Panorama? 7
1.2   Anwendung in der Praxis 10
1.2.1 Der Türöffner 11
1.2.2 Der Katalysator 11
1.2.3 Die Bilanz 11
1.3   Coaching 12

2. Die Grundlagen 15
2.1   NLP: ein lösungsorientiertes Modell zur Veränderung 17
2.2   Ein psychologisches Modell der Persönlichkeit 26
2.3   Neue Blickwinkel: die Wahrnehmungspositionen 39
2.4   Probleme als Chance zum Umdenken 42
2.4.1 Das Prinzip der positiven Absicht 42
2.4.2 Verschiedene Anteile der Persönlichkeit 45
2.4.3 Kreativität als Ressource 47
2.4.4 Neue Lösungswege für die gute Absicht 47

3. Das Persönlichkeits-Panorama: die Methode 49
3.1   Arbeitsrahmen schaffen – Einführung für den Klienten 50
3.1.1 Zeitlichen Rahmen setzen 51
3.2   Information sammeln 52
3.3   Sortieren: das persönliche Panorama entwickeln 55
3.3.1 Schlüsselworte den Ebenen zuordnen 55
3.3.2 Räumliches Sortieren 56
3.3.3 Inhaltliches Sortieren 56
3.4   Inhaltliches Bearbeiten 60
3.4.1 Inneren Abstand gewinnen: Dissoziation 61
3.4.2 Probleme als Lernchance: Reframing 65

3.4.3 Zwei Seelen wohnen ...: Werte-Konflikte und ihre Lösung 72
3.4.4 Unterstützung durch innere Mentoren 77

4. Das Persönlichkeits-Panorama: die Praxis 81
4.1 Das Persönlichkeits-Panorama als Katalysator 83
Praxisbeispiel 1: Visionen klären (Martin) 83
4.2 Das Persönlichkeits-Panorama als Türöffner zu Beginn einer Beratung 96
Praxisbeispiel 2: Berufliches Coaching (Christian) 96
Praxisbeispiel 3: Alte Rollen verlassen – neue Rollen entwickeln (Hans) 106
4.3 Das Persönlichkeits-Panorama als Bilanz einer längeren Beratungsphase 125
Praxisbeispiel 4: Erfolge stabilisieren (Heike) 125

5. Schlussgedanken: das Persönlichkeits-Panorama und NLP 143

6. Anhang 147
6.1 Persönlichkeits-Panorama – Übersicht 147
6.2 Positiver Zielrahmen – Übersicht 148
6.3 Aufbau eines Dissoziations-Ankers 149
6.4 Das klassische Six-Step-Reframing – Zusammenfassung 150
6.5 Konflikt-Integration nach Robert Dilts – Übersicht 151
6.6 Innere Mentoren nutzen – Übersicht 152

Literatur 153
Personen- und Stichwortregister 154

1. Einführung

1.1 Was ist das Persönlichkeits-Panorama?

Wer Menschen zum Stichwort „Persönlichkeit" befragt, bekommt häufig Antworten, die ohne langes Nachdenken gegeben werden und deshalb eindimensional klingen. „Ich bin eine starke (bzw. schwache) Persönlichkeit", „Ich habe meine eigene Persönlichkeit entwickelt", „Ich bin noch auf der Suche", „Ich weiß eigentlich gar nicht so recht, wer ich bin". Durch Nachfragen können die Antworten zwar verbal stärker differenziert werden, doch bleibt dabei alles im Bereich des Bewußten – der Klient* wiederholt das, was er von sich bereits weiß. Dieses Wissen steht oft im merkwürdigen Widerspruch zum Rest seiner Erfahrungen. „Meine Freunde sagen mir, ich wirke stark und selbstbewußt. – Warum habe ich dann solche Selbstzweifel?", „Ich halte mich eigentlich für eine gefestigte Persönlichkeit – doch in letzter Zeit habe ich die Orientierung verloren. Ich weiß nicht mehr, was mir wirklich etwas bedeutet."

Das Verfahren des Persönlichkeits-Panoramas ermöglicht dem Klienten*, Bereiche seiner Persönlichkeit ins Bewußtsein zu holen, die ihm bisher nur verschwommen oder kaum zugänglich waren. Problemfelder und Konfliktbereiche werden deutlich; dadurch lassen sich konkrete Entwicklungsmöglichkeiten aufzeigen, die dann wiederum im Beratungs- oder Coachingprozeß thematisiert werden. So kann der Klient sein Selbstbild auf eine umfassende Weise erfahren. In dem Wissen um die eigene Individualität kann er vielfältige Facetten seiner Persönlichkeit integrieren. Das eigene Selbstverständnis wird dadurch umfassender und stimmiger.

Beratung und Psychotherapie sind für Klienten* wie eine Erkundungsreise, auf der sie lernen, sich selbst besser und umfassender zu verstehen. Der Berater fungiert dabei als Begleiter, der hilft, die Richtung zu bestimmen, Wege zu finden, Hindernisse zu

---

* Aus Gründen der Lesbarkeit verwende ich in diesem Buch die männliche Schreibweise. Ich bitte alle Leserinnen um Verständnis dafür. Bitte fühlen Sie sich genauso angesprochen!

erkennen und den Überblick zu sichern. Der Klient bringt persönliche Themen und Inhalte ein, klärt seine Ziele und arbeitet belastende Erfahrungen auf, so daß sie ihn nicht mehr hindern, sondern seine subjektive Erfahrungswelt bereichern. Das tiefere Verständnis der eigenen Person mit allen Facetten, Bedürfnissen, Zielen und Entwicklungsthemen ist eines der zentralen Ergebnisse eines erfolgreichen Beratungsverlaufs. Doch häufig bleibt es dem Zufall oder vielmehr dem Beratungsverlauf überlassen, in welchem Maß und zu welchem Zeitpunkt ein Klient dieses Verständnis entwickelt und wann es ihm bewußt ist.

Die Methode des Persönlichkeits-Panoramas erlaubt ein gezielteres Vorgehen: Der Klient wird explizit dabei unterstützt, sein persönliches Selbst-Verständnis ins Bewusstsein zu holen und damit zu arbeiten. Der Einsatz der Methode kann ebenso die *Beratungsplanung* erleichtern, denn der Berater gewinnt schnell einen umfassenden Einblick in die individuelle Situation des Klienten: Dieser Einblick umfaßt einerseits die Thematik mit möglichen Konfliktfeldern und andererseits den Zusammenhang der individuellen Stärken und Fähigkeiten, die im weiteren Verlauf gezielt genutzt werden können. Ebenso einsetzbar ist die Methode im späteren Verlauf der Beratung, um die *Entwicklung* der persönlichen Thematik zu veranschaulichen und dann das weitere Vorgehen neu zu planen. Und als drittes Anwendungsgebiet des Persönlichkeits-Panoramas lässt sich schließlich das Ende einer Beratung anführen; dann dient die Methode dem transparenten *Abschluß* der Entwicklungsarbeit des Klienten und gleichzeitig der *Erfolgssicherung* der gemeinsamen Arbeit.

In der Arbeit mit dem Persönlichkeits-Panorama kann der Klient nicht nur mehr darüber erfahren, wie er sich selbst erlebt, sondern auch darüber, wie Eindrücke anderer Menschen damit übereinstimmen oder auch nicht. Auf diese Weise kann er Selbstbild und Fremdbild vergleichen. Der Klient nutzt Informationen, die er von anderen über sich bekommt: Das Feedback anderer bereichert und ergänzt so das Selbstbild. Auf diese Weise erfährt der Klient mehr über sich selbst, speziell was „blinde Flecken" betrifft, also Bereiche, die ihm selbst weniger bewußt sind. Übereinstimmungen von Selbstbild und Fremdbild können ihn in seiner subjektiven Einschätzung bestätigen; starke Unterschiede lassen ihn möglicherweise erkennen, welche Themenbereiche für seine Persönlichkeits-Entwicklung in Zukunft wichtig sind.

Der Klient beschäftigt sich im Persönlichkeits-Panorama mit verschiedenen Ebenen seiner Persönlichkeit. Wie diese Ebenen im einzelnen zu verstehen sind, damit werden wir uns in einem eigenen Kapitel ausführlich beschäftigen: beim Modell der Persönlichkeit. Hier ein kurzer Überblick, wie breit das Spektrum ist, das sie umfassen:

- *Verhalten:* Was tut er, wie setzt er sich mit seiner Umwelt auseinander? Was sind seine Gewohnheiten? Welche Verhaltensmuster oder -routinen sind typisch?
- *Fähigkeiten:* Was kann er bereits, welche Fähigkeiten und Strategien will er lernen oder entwickeln?
- *Werte, Überzeugungen:* Was ist ihm wichtig? Was sind seine Motive, Werte und Ziele? Welche Prinzipien vertritt er?
- *Identität:* Wer ist er? Was sind wichtige Rollen, die er in seinem Leben übernimmt?

Begleitet durch den Berater sammelt der Klient zentrale Bilder, Worte und Gefühle, denen er auf dieser Entdeckungsreise durch die Ebenen der Persönlichkeit begegnet. So entwickelt er Schritt für Schritt eine Landkarte seiner Persönlichkeit. Eine Landkarte ist natürlich nicht mit der wirklichen Landschaft identisch – doch sie verhilft uns dort zur Orientierung. Ohne Karte fällt es uns schwer, uns in unbekanntem Gebiet zurechtzufinden. Landkarten ermöglichen es, daß wir uns an bestimmten Orten mit anderen Menschen treffen können. So finden wir auch eine Grundlage für unsere Verständigung mit anderen: Kommunikation wird möglich.

1.2 Anwendung in der Praxis

Im Beratungsalltag gibt es immer wieder Klienten, die mit dem „großen Fragezeichen" beginnen. Sie bieten von sich aus kein bestimmtes Thema an – oder nennen gleich mehrere, die alle von ähnlicher (Un-)Wichtigkeit zu sein scheinen. Die Aufgabe des Therapeuten besteht dann zunächst einmal darin, mit dem Klienten das Thema herauszuarbeiten, das für diese Stunde aktuell und sinnvoll ist. Viele Psychotherapeuten gehen von der Annahme aus, daß der Klient sein Anliegen bereits in den ersten Sätzen formuliert – auch wenn ihm das längst nicht bewußt ist. Doch auch mit dieser Hypothese gleicht die Suche nach dem Thema zuweilen archäologischer Feinarbeit.

Eine andere Gruppe von Klienten trägt ihr Thema für diese Beratungsstunde sozusagen auf dem Präsentiertablett zur Tür herein. Gleich nach der Begrüßung des Therapeuten – manchmal auch schon vorher – beginnen sie es zu beschreiben: „Also, die letzten Tage waren wieder ganz schlimm. Das Problem ist immer noch das gleiche, und ich weiß gar nicht, was ich machen soll ..." Damit stellten diese Klienten die Weichen für den thematischen Einstieg, und der Therapeut könnte nun diesem Angebot folgen und das Thema gemeinsam mit dem Klienten bearbeiten. Die Frage ist allerdings, ob diese Art der Themenauswahl auch wirklich die therapeutisch sinnvollste ist. Denn es ist durchaus denkbar, daß ein Klient sich lieber mit einem bekannten Thema beschäftigt, das ihm eine gewisse Sicherheit bietet, anstatt sich auf ein Thema einzulassen, das vom Prozess her an dieser Stelle sinnvoller wäre, doch für den Klienten noch ganz neu, ungreifbar und deshalb vielleicht auch beängstigend ist. „Was kommt da auf mich zu ...?" So werden lieber wieder alte, bekannte Themen hervorgeholt, denn damit fühlt sich der Klient auf der sicheren Seite. Der Berater allerdings steht vor mehreren Fragen: Wie kann er erstens merken, daß das angebotene Thema nur ein vorgeschobenes ist – das ist ja oft dem Klienten selbst am allerwenigsten bewußt. Und zweitens, wenn der Berater es merkt, wie kann er das auf eine Art und Weise ansprechen, mit der er dem Klienten die notwendige Sicherheit ermöglichen kann, die ihm das „alte" Thema gegeben hätte. Wie kann er den Klienten dabei unterstützen, das „eigentliche" Thema auf den Tisch zu bringen? Auf welche Weise kann er dem Klienten einen Überblick geben über den inneren Zusammenhang bestimmter Themen, ohne dabei in eine psychologische Fachdiskussion abzugleiten?

Aus meiner Beratungspraxis kenne ich viele Stunden mit Klienten beider Gruppen. Aus dieser Erfahrung heraus entstand schließlich das Format des „Persönlichkeits-Panoramas". Für einen Berater ist das Persönlichkeits-Panorama ein effektives Instrument, das ihm in kurzer Zeit sehr viel Information über den Klienten liefert. Diese Information kann der Berater auf verschiedene Arten nutzen, denn im therapeutischen Prozeß ist das Verfahren an mehreren Stellen sinnvoll:

1.2.1 Der Türöffner

Am Beginn einer Beratung unterstützt das Persönlichkeits-Panorama den Einstieg in die gemeinsame Arbeit: Der Klient erfährt in kurzer Zeit sehr viel über sich selbst. Vieles davon war ihm bisher wohl nur teilweise oder gar nicht bewußt. Der Therapeut gewinnt Informationen über seinen Klienten sowohl auf der inhaltlichen Ebene – über die Themen und Schlüsselwörter – als auch auf Prozeßebene – was spricht der Klient auf welche Weise an? Dies ergänzt die Phase der Anamnese am Beginn einer Beratung auf sinnvolle Weise.

Ein weiterer Vorteil, gerade zu Beginn einer Beratung: Der Berater lernt seinen Klienten in relativ kurzer Zeit sehr gut kennen und in seiner Eigenart verstehen. Gerade der Zusammenhang zwischen verschiedenen Themen und Problemen macht ja die Individualität aus. Über Persönlichkeitstests bekommt der Berater ein objektives und distanziertes Bild – mit dem Persönlichkeits-Panorama kann der Berater den Klienten in seiner Ganzheit verstehen lernen. Dieses Verständnis bietet eine gute Arbeitsgrundlage, da der Berater schnell Zusammenhänge erkennen und gegebenenfalls thematisieren kann.

Auf der Grundlage des Persönlichkeits-Panoramas können gemeinsam mit dem Klienten Therapieziele erarbeitet werden. So gewinnt der therapeutische Ablauf für den Klienten eine größere Transparenz – dies unterstützt seine Motivation und damit den Fortschritt der Therapie.

1.2.2 Der Katalysator

Trotz transparenter Therapie-Planung gibt es in den meisten Beratungen Phasen, in denen der Klient scheinbar auf der Stelle tritt. So wertvoll das aus therapeutischer Sicht sein kann, so entnervend wird es oft von Klienten (und manchmal auch vom Berater) erlebt.

Das Persönlichkeits-Panorama unterstützt den Klienten in diesen Phasen, den „Durchblick" zurückzugewinnen. Er kann leichter einordnen, welche Themen für ihn zentral sind, wo er bereits Fortschritte sieht und spürt und wo der weitere Weg für ihn verläuft. Nicht nur der Klient bekommt dabei Informationen – der Therapeut lernt, wie sein Klient die Gesamtthematik einschätzt, und kann so in Abstimmung mit ihm die weitere Therapie entsprechend planen. Das Persönlichkeits-Panorama kann in einer solchen Phase wie ein Katalysator wirken, der die weitere Beratungsarbeit ein tüchtiges Stück voranbringt.

1.2.3 Die Bilanz

Eine Therapie ist dann zu Ende*, wenn der Klient seine wichtigen Themen aufgearbeitet hat. In der Regel wurde zuvor gemeinsam festgelegt, was im Rahmen der Therapie wichtig ist bzw. wann das Ziel der Beratung erreicht ist. Der Klient hat dann gelernt, wieder „auf eigenen Füßen zu stehen". Er hat akute Probleme gelöst, wichtige Fragen beantwortet und mehr über sich erfahren. Der Klient kann dann selbst mit aufkommenden Problemen angemessen umgehen und verfügt über die notwendige Flexibilität, um sie nicht mehr als bloße Hindernisse, sondern als Lernchancen zu sehen und zu nutzen.

In dieser Phase kann der Berater das Persönlichkeits-Panorama als Zusammenfassung anbieten. Dadurch bekommt der Klient die Möglichkeit, seine Persönlichkeits-Entwicklung, die er in und durch die Beratung gemacht hat, in einem größeren Zusammenhang zu sehen. Dies unterstützt das tiefere Verständnis für den eigenen Prozeß und kann wertvolle Hinweise dafür geben, worauf der Klient in Zukunft besonders Wert legen wird.

Die Anwendungsmöglichkeiten des Persönlichkeits-Panoramas sind breit gefächert. Es kann in allen Formen der Beratungsarbeit ein hilfreiches Instrument sein. Das gilt für Beratung und Coaching ebenso wie für die Psychotherapie. Gerade im Coaching sind die Klienten ja eher weniger interessiert an „Psycho-Methoden" und therapeutischer Sprache. Das strukturierte Verfahren des Persönlichkeits-Panoramas legt seinen Einsatz deshalb auch und gerade im Business-Coaching nahe.

1.3 Coaching

An dieser Stelle einige Gedanken zum Thema „Coaching". In den letzten Jahren ist der Begriff zunehmend in Mode gekommen. Ursprünglich war der „Coach" ein Trainer im sportlichen Bereich; inzwischen werden viele Beratungskontexte als Coaching bezeichnet.

Häufig geht es im Coaching um berufliche Themen: Wie kann der Klient seine berufliche Rolle individuell definieren, berufliche Aufgaben besser/leichter erfüllen oder zwischenmenschliche Konflikte im beruflichen Alltag lösen? Zunehmend wird der Begriff Coaching inzwischen gebraucht, um gezielte Persönlichkeitsentwicklung zu

---
* Das Therapieende ist übrigens in der Regel nicht identisch mit dem Ende der kassenfinanzierten Stunden ...

beschreiben. Generell kann man die Ansatzbereiche für Coaching in drei Gruppen gliedern:

➤ Persönlichkeitsentwicklung;
➤ Steigerung der eigenen Kompetenz (z.B. beruflich);
➤ Meistern von Problemen und Krisen.

Das Ziel eines Coachings ist es, dem Klienten persönliche Veränderungen zu ermöglichen. Dazu gehört einerseits eine klare Vorstellung über seine persönlichen Ziele und andererseits Wege, wie er dieses Ziel in die Tat umsetzen kann. Der Coach wird den Klienten im Prozeß dann dabei unterstützen, sich neue Wege zu diesen Zielen zu erschließen.

Ein Berater und Coach hat also eine zentrale Aufgabe: Er soll dem Klienten schnell und effektiv helfen, seine persönlichen Ziele zu klären, zu formulieren und schließlich auch zu erreichen. Coaching ist deshalb in erster Linie **ziel- und lösungsorientiert** und unterscheidet sich damit deutlich von vielen traditionellen psychotherapeutischen Ansätzen, wie z.B der Psychoanalyse, die primär Probleme analysieren und nach deren Ursachen suchen.

Damit ein Coaching erfolgreich ist, ist in jedem Fall eine tragfähige und vertrauensvolle Beziehung zwischen Berater und Klient notwendig. Dies gilt generell für psychologische Beratung oder Therapie: Als erster Wirkfaktor für den Therapieerfolg wurde die Beziehung zwischen Therapeut und Klient nachgewiesen. Wenn diese Beziehung gut ist, also „die Chemie stimmt", dann hat die Wahl der Beratungsmethode einen Einfluß auf das Ergebnis der Beratung. Ist die Beziehung nicht tragfähig, wird auch die ausgefeilteste Methodik wenig oder keinen Effekt haben. Zu einer guten, tragfähigen Beziehung gehört gegenseitige Akzeptanz.

Im Coaching werden die Ziele gemeinsam mit dem Klienten ausgearbeitet und abgestimmt. Genauso soll der Prozeß für den Klienten transparent und nachvollziehbar sein. Ein guter Coach ist kein Guru, der den Schlüssel zum Glück seines Klienten in der Hand hält, sondern ein erfahrener und umsichtiger Wegbegleiter, der dem Klienten neue Wege zeigt, ihn begleitet und mögliche Hindernisse thematisiert.

Die Eigenverantwortung des Klienten steht dabei im Mittelpunkt. Nicht Abhängigkeit von einem Berater soll entstehen, sondern der Klient bekommt „Hilfe zur Selbsthilfe". Dabei kann das Persönlichkeits-Panorama ein wertvolles Werkzeug sein, das dem Klienten ermöglicht, sich selbst, seine Ressourcen und Fähigkeiten auf neue Weise zu begreifen und entsprechend weiterzuentwickeln.

> **Überblick: Gliederung dieses Buches**
>
> ### *Die Grundlagen*
>
> Dieses Kapitel stellt Ihnen Grundlagen vor, die für die Arbeit mit dem Persönlichkeits-Panorama hilfreich und wichtig sind. Sie lernen wesentliche Grundannahmen und Methoden des NLP kennen.
>
> ### *Die Methode*
>
> Dieses Kapitel beschreibt das Verfahren des Persönlichkeits-Panoramas detailliert. Zusätzliche Interventionselemente helfen bei der Feinarbeit und runden das Bild ab.
>
> ### *Die Praxis*
>
> An mehreren Fallbeispielen sehen Sie, wie Klienten mit ganz unterschiedlichen Zielrichtungen auf ihre Weise jeweils ihr Persönlichkeits-Panorama gestaltet haben. Dabei werden verschiedene Anwendungsmöglichkeiten des Persönlichkeits-Panoramas deutlich: am Beratungsbeginn und -ende, im beruflichen Coaching oder zur Ziel- und Visionsklärung.

In diesem Buch werden mehrere Bezeichnungen synonym für die Rollen von Berater und Klient verwendet, um dem Sprachgebrauch verschiedener Berufsgruppen entgegenzukommen. Hier ein kleiner Überblick über die häufigsten:

Berater – (Psycho-)Therapeut – Coach – Begleiter;
Klient – Patient – Partner

2. Die Grundlagen

Carl Rogers, der Begründer der partnerorientierten Gesprächsführung, prägte den Begriff der Selbst-Aktualisierung. Damit bezeichnen Psychologen seither die natürliche Tendenz jedes Menschen, sich weiterzuentwickeln, zu wachsen und ein erfülltes Leben zu gestalten.

Der Weg zu diesem Wachstum ist natürlich nicht immer leicht, und oft stehen Menschen dabei vor Hindernissen. Scheinbar unüberwindbare Barrieren versperren den Weg der Entwicklung: Unsicherheiten, Zweifel, einschränkende Überzeugungen oder Ängste. Manche Menschen, die auf ihrem Weg derartigen Hindernissen begegnen, besinnen sich darauf, daß es professionelle Unterstützung gibt und suchen Hilfe in Beratung, Coaching oder Psychotherapie. Die Humanistische Psychologie und ihre Therapieformen betonen die Selbst-Aktualisierungstendenz und haben verschiedene Methoden entwickelt, um Menschen dabei zu unterstützen, sie in ihrem Leben sinnvoll umzusetzen.

Dieses Kapitel stellt wesentliche Grundlagen vor, die für die Arbeit mit dem Persönlichkeits-Panorama hilfreich und wichtig sind:

- **NLP** (Neurolinguistisches Programmieren) als ziel- und lösungsorientierte Methode bildet dabei die Basis:
  - Kurze Geschichte des NLP
  - Persönliches Modell der Welt
  - Zielorientierung
  - Persönliche Stärken: Ressourcen
- Das **Persönlichkeitsmodell** des NLP ist für Hintergrund und Verständnis des Persönlichkeits-Panoramas wichtig und wird deshalb ausführlich beschrieben.
- Als spezieller Teilbereich der Beratungsarbeit wird die Möglichkeit, neue Blickwinkel einzunehmen, vorgestellt: die verschiedenen **Positionen der Wahrnehmung**.
- Das Prinzip der Trennung von Absicht und Verhalten bildet den Abschluß dieses Kapitels. Der Grundgedanke des **„Reframings"** ist zentral für das Beratungsverständnis im NLP und wird deshalb als Abschluß dieses Kapitels ausführlich beschrieben.

2.1 NLP: ein lösungsorientiertes Modell zur Veränderung

2.1.1 Entwicklung des NLP

Eine der heute effektivsten Methoden für Beratung und Coaching wurde in den 70er Jahren in den USA entwickelt: NLP (Neurolinguistisches Programmieren). Der komplizierte Name läßt sich recht einfach erklären:

NLP befaßt sich mit den Zusammenhängen

➤ wie wir grundlegende **neuro**logische Prozesse nutzen (unsere fünf Sinne: Sehen, Hören, Fühlen, Schmecken und Riechen),
➤ wie dies durch unsere **Sprache** geformt wird und sich in ihr spiegelt und
➤ wie wir aus diesem Zusammenwirken spezifische „**Programme**" bzw. Strategien entwickeln.

Am Anfang der Entwicklung des NLP stand eine einfache Frage: Was ist es, das bestimmte Psychotherapeuten erfolgreich macht? Warum können diese Therapeuten anderen Menschen wirklich helfen, sich zu verändern – wie gehen sie mit ihren Klienten um? Die „Erfinder" des NLP, Richard Bandler und John Grinder, nahmen deshalb das Verhalten erfolgreicher Therapeuten unter die Lupe und fanden Strategien und Grundeinstellungen, die ihren Umgang mit anderen Menschen bestimmten. Diese Analyse, was erfolgreiche Beratung und Kommunikation ausmacht, war das „Rohmaterial", aus dem sie das „Neurolinguistische Programmieren" (NLP) entwickelten.

Bandler und Grinder betrachteten drei berühmte Psychotherapeuten: Fritz Perls, den Begründer der Gestalttherapie, die Familientherapeutin Virginia Satir und den Hypnotherapeuten Milton Erickson. Interessant ist, daß sie dabei den philosophischen Überbau der jeweiligen Therapierichtung zurückstellten und sich primär auf Verhaltensbeobachtung und Analyse der drei Therapeuten konzentrierten. Sie wollten herausfinden, wie diese mit ihren Klienten umgehen und daraus Strategien für erfolgreiche Kommunikation und effektive Beratung ableiten. Somit wurde effektive Kommunikation lehr- und lernbar.

Auf dieser Basis hat sich NLP mittlerweile zu einem strukturierten und effektiven Modell menschlicher Veränderung entwickelt. Verschiedenste Interventionsstrategien wurden entwickelt, um Menschen zu unterstützen, ihre Kommunikation zu verbessern, Ziele zu formulieren und einfacher zu erreichen und Probleme zu lösen.

NLP ist in den letzten 15 Jahren im deutschsprachigen Raum zunehmend bekannt geworden. Ursprünglich als psychotherapeutische Methode begründet, wird es mittlerweile in den verschiedensten Bereichen eingesetzt. Seine Kernaussage läßt sich in einen einfachen Satz fassen: NLP hilft Menschen, sich selbst und andere besser zu verstehen, ihre Ziele zu erkennen, und belastende Erfahrungen zu verarbeiten.

Im Anschluß werden wesentliche Grundgedanken des NLP beschrieben, die für das Verständnis des Persönlichkeits-Panoramas wichtig sind.

2.1.2 Das persönliche Modell der Welt – unsere Landkarte

NLP basiert auf einem konstruktivistischen Modell: Als Menschen können wir die sogenannte „objektive Realität" nie wirklich beschreiben. Was wir erleben, kennen und beschreiben, sind unsere subjektiven Wahrnehmungen der Welt, in der wir leben. Indem wir die Welt im Laufe unserer persönlichen Lerngeschichte Stück um Stück kennenlernen und neue Erfahrungen machen, formt sich unser persönliches Bild der Welt – unsere „Landkarte", mit der wir uns in der Realität zurechtfinden.

Einige unserer Erlebnisse sind prägend, andere weniger. Viele Erfahrungen sind uns bewußt und noch viel mehr bleiben unbewußt. Unbewußte Wahrnehmungen wirken unter Umständen sogar kraftvoller als bewußte. Untersuchungen haben gezeigt, daß Menschen, die hungrig durch eine fremde Straße gehen, wesentlich mehr Lokale und „Eßbares" sehen, als wenn sie dieselbe Straße satt entlangwandern. Ebenso wurde nachgewiesen, daß Supermarkt-Kunden in der Zeit vor dem Mittagessen wesentlich mehr Dinge in ihren Einkaufswagen packen als zum Beispiel am frühen Nachmittag – hungrige Kunden kaufen mehr.

Ebenso wie eine Landkarte nicht das Gleiche ist wie die Landschaft, die sie repräsentiert, sind unsere Wahrnehmungen von der Welt nicht die Welt selbst. Jeder Mensch nimmt die Welt durch seine fünf Sinne auf: Er sieht, hört, fühlt, riecht und schmeckt seine Welt. Diese Sinneseindrücke werden auf zwei Ebenen verarbeitet, einer bewußten und einer unbewußten. Unsere Wahrnehmung der Realität gibt unserem Verhalten Bedeutung, nicht die Realität selbst. Es ist nicht die Welt, die uns einschränkt oder uns Freiraum gibt, sondern vielmehr unsere Landkarte dieser Welt, die durch persönliche Filter geprägt ist, und die wir selbst ständig bestätigen, verändern und weiterentwickeln.

Nach dem Weltbild des NLP ist es uns Menschen nicht möglich, die objektive Realität zu kennen – eine Auffassung, die übrigens auch bereits im antiken Griechenland vertreten wurde. Ethik, Moral und Weisheit können sich also nicht aus der „richtigen" Landkarte der Welt ableiten, weil es uns Menschen nicht möglich ist, diese „richtige"

Landkarte zu erstellen. Das Ziel ist daher vielmehr, eine reichhaltige und detaillierte Landkarte zu schaffen, die die systemische Natur des Menschen und seiner Umwelt einbezieht.

Das Persönlichkeits-Panorama bietet eine Möglichkeit, die Landkarte der eigenen Persönlichkeit von der unbewußten Ebene ins Bewußtsein zu holen und damit im Sinne der Selbst-Aktualisierung zu arbeiten. Jeder Mensch besitzt ein bestimmtes Bild von sich. Das bedeutet natürlich nicht, daß ihm sein Selbstbild auch bewußt ist, denn das wird es nur in Ausnahmefällen oder besonderen Situationen sein. Im normalen Alltag tritt das eigenen Selbstbild in den Hintergrund, denn die Aufmerksamkeit ist in der Regel nach außen gerichtet – es sei denn, es treten Probleme auf. Die Arbeit mit dem Persönlichkeits-Panorama bietet Klienten die Möglichkeit, ihr Selbstbild im sicheren Rahmen einer Beratung zu erforschen, und zu prüfen, inwieweit es ihrer aktuellen Entwicklung angemessen ist. Viele Menschen tragen „ältere Versionen" mit sich herum, die in bestimmten Entwicklungsphasen bedeutsam waren und unreflektiert weiterbehalten werden. Doch solche „alten" Versionen können wie eine angezogene Handbremse wirken und die aktuelle Persönlichkeitsentwicklung behindern oder einschränken. Deshalb ist es für Klienten sinnvoll, das eigene Selbstbild auf seine Vollständigkeit und Genauigkeit zu überprüfen, um so die eigenen Möglichkeiten voll ausschöpfen zu können.

2.1.3 Ziele und Probleme

Die meisten Klienten, die zur Beratung kommen, tun dies mit einer problemorientierten Haltung: Sie erleben Schwierigkeiten, Krisen oder Probleme, wofür sie allein keine Lösung finden, und deshalb suchen sie Hilfe in der Beratung. Der Therapeut soll ihnen helfen – und dabei sind zwei grundsätzliche Szenarien denkbar: Der Klient will sein Problem lösen und sucht dabei kompetente Unterstützung. Er geht also grundsätzlich von seiner eigenen Handlungs- und Lösungsmöglichkeit aus. Diese Haltung ist im Sinne der humanistischen Psychologie erst einmal positiv zu werten, denn der Klient behält (zumindest teilweise) seine Eigenverantwortlichkeit. Im zweiten Fall, der wohl weitaus häufiger ist, kommt der Klient zum Berater mit der Erwartung, daß dieser ihn von seinen Problemen kurieren soll. Am besten soll er sie ihm „wegmachen", damit er dann reibungslos weiter „funktionieren" kann. Diese Grundhaltung ist in vielen Arztpraxen verbreitet: Der Arzt soll das Symptom beseitigen, damit der Patient wieder gesund ist.

Im NLP betrachten wir das Thema „Problem" von einer dritten Sichtweise aus: Ziele sind wichtiger als Probleme. Das klingt recht provokant und scheint dem zu widersprechen, was wir gewohnt sind. Der Klient kommt doch gerade in die Beratung, weil er seine Probleme alleine nicht lösen kann und Hilfe sucht. Bedeutet der Satz „Ziele sind wichtiger als Probleme" tatsächlich, daß Probleme unwichtig sind? Wie können wir Lösungen finden für etwas, das als unwichtig gilt?

Der scheinbare Widerspruch löst sich auf, sobald wir den Satz „Ziele sind wichtiger als Probleme" genauer betrachten. Hier steht nicht „Probleme sind unwichtig"! Wenn Ziele wichtiger sind als Probleme, können die Probleme ja durchaus auch einen bestimmten Wert haben. Sie stehen allerdings in der Rangfolge an zweiter, die Ziele an erster Stelle. Diese neue Sortierung ermöglicht einen völlig anderen Beratungsansatz: Statt sich lange mit Problemen und deren Ursachen auseinanderzusetzen, richtet der Klient seine Aufmerksamkeit zunächst auf seine Ziele und Entwicklungschancen. NLP ignoriert also nicht einfach die Probleme des Klienten – denn das wäre unsinnig – sondern setzt einfach andere Prioritäten. Der Berater wird zunächst nach den Zielen seines Klienten fragen.

Probleme haben ihren berechtigten Stellenwert, und es ist natürlich hilfreich, ihre Ursachen zu kennen. Doch die bloße Kenntnis der Ursache löst ein Problem noch nicht automatisch von selbst. „Selbsterkenntnis ist der erste Schritt zur Besserung" heißt zwar ein geflügeltes Wort. Leider ist es aber nur der erste Schritt auf einem langen Weg! Selbst wenn Klienten wissen, daß ihre aktuellen Schwierigkeiten durch ihre persönliche Lerngeschichte bedingt sind, wird das ihr gegenwärtiges Verhalten noch nicht dauerhaft ändern. Wenn einem gestreßten Manager bewußt ist, daß er nervös und gereizt ist, weil er sich überfordert fühlt, ändert dieses Wissen zunächst nichts an seiner Grundstimmung. Es bedeutet auch noch nicht, daß er unmittelbare Maßnahmen zur Streßreduktion ergreifen könnte.

Soviel zu der Konzentration auf Probleme und Ursachen. Betrachten wir nun die andere Alternative: Wer sich ein Ziel setzt, dreht sich sozusagen innerlich um 180 Grad*. Er schaut nicht mehr bloß zurück zu den Ursachen und Problemen, sondern richtet seinen Blick in die Zukunft: auf sein Ziel. Das öffnet sein Blickfeld und läßt ihn neue Möglichkeiten erkennen, die er auf der Seite der Ursachen vergeblich suchen würde.

NLP stellt die Zielorientierung in den Vordergrund. Am Beginn jeder NLP-Beratungsarbeit wird deshalb die Frage nach dem aktuellen persönlichen Ziel stehen, und zwar mehr oder minder explizit. Das Persönlichkeits-Panorama kann in diesem

---

* Diese 180-Grad-Drehung läßt sich übrigens auch wörtlich nehmen. Wenn Sie wieder einmal das Gefühl haben, in einem Problem festzustecken, stellen Sie sich mitten ins Zimmer. Schauen Sie geradeaus und stellen Sie sich Ihr Problem mit seinen Ursachen vor (ganz bildhaft). Dann drehen Sie sich bewußt um 180 Grad und schauen Sie in die andere Richtung: zu Ihrem Ziel, das Sie erreichen möchten. Lassen Sie sich überraschen von den Gedanken und Bildern, die Ihnen von selbst dazu kommen.

Zusammenhang einen Beitrag dazu leisten, daß sich der Klient über den Zusammenhang seiner Ziele klarer wird. Indem er für ihn zentrale Werte thematisiert, können sich Prioritäten bei den Zielen ergeben – ein wichtiger Hinweis für die Beratungsplanung. Auch das Verständnis der eigenen Rollen steht in direktem Zusmmenhang mit den Zielen eines Klienten. Aus einer Rolle können Ressourcen und Fähigkeiten für andere Lebensbereiche nutzbar gemacht werden. Dieser „intrapersönliche Transfer" ist zentral für die Entwicklung des Klienten im Sinne der Eigenverantwortung.

2.1.4 Der positive Zielrahmen

Jeder Mensch plant und handelt zielorientiert. Das ist nichts Neues. Neu ist dagegen die Erkenntnis, daß die Art und Weise, wie Klienten ihre Ziele formulieren, ganz entscheidend dazu beiträgt, ob sie sie erreichen – oder eben nicht. Manche Ziele sind versteckte Wünsche, und das hat entscheidende Auswirkungen.

Zwischen Wünschen und Zielen besteht ein wichtiger Unterschied. Auf Ziele kann man hinarbeiten, man kann sich Wege zum Ziel suchen und so das Ziel erreichen. Wünsche dagegen werden erfüllt oder auch nicht. Das Verhalten anderer kann der Klient aber nicht ändern – er kann nur mithelfen, die Bedingungen zu schaffen, unter denen *der andere* sein Verhalten ändern kann und will. So sind wir bei einem der wichtigsten Unterschiede zwischen Wünschen und Zielen: der persönlichen Zuständigkeit und Verantwortung. Liegt es in meiner Macht oder bin ich dabei auf andere Menschen angewiesen, lautet die entscheidende Frage. Dieser kleine Unterschied im Blickwinkel – mein Verhalten oder das des anderen – ist von entscheidender Bedeutung!

Natürlich hat jeder Mensch auch Wünsche, deren Erfüllbarkeit von anderen Menschen abhängig ist. Keiner lebt schließlich auf einer einsamen Insel. Für ein persönliches Ziel in der Beratung ist allerdings eines der wichtigsten Kriterien, daß auch tatsächlich das eigene Ziel formuliert wird und nicht der Wunsch an einen anderen Menschen. „Ich möchte, daß mein Mann freundlicher zu mir ist.", „Mein Ziel ist es, daß meine Kinder gute Tischmanieren haben/höflich sind/ ..." sind Beispiele für Wünsche, nicht für Ziele. Ein Ziel kann sein, daß die Klientin selbst freundlich und gelassen mit ihrem Mann spricht. Wenn dieser daraufhin auch freundlich reagiert, um so besser. Hier kann sie also selbst aktiv etwas tun, statt nur passiv zu warten.

Oft ist ein Wunsch eines Klienten der erste Schritt aus einer unbefriedigenden Situation heraus. Um seine Situation langfristig und dauerhaft zu verändern, reichen Wünsche allerdings nicht aus; die gute Fee, die sie erfüllt, gibt es leider nur im Märchen. In der Realität ist jeder selbst für sein Leben verantwortlich. Genau hier liegt die große

Herausforderung: Unser Leben selbst in die Hand zu nehmen, uns Ziele zu setzen und Wege zu finden, wie wir sie erreichen.

Im NLP gibt es einige einfache Kriterien für ein gutes Ziel. „Gut" heißt in diesem Zusammenhang, daß die Art und Weise, wie der Klient an sein Ziel denkt und es formuliert, ihm dabei hilft, es zu erreichen. Diese Kriterien bilden den Rahmen für ein gutes Ziel – unabhängig von dem jeweiligen Inhalt – und sie bilden den „positiven Zielrahmen".

Der positive Zielrahmen (Übersicht)

Positiv: Formulieren Sie* Ihr Ziel **positiv** – ohne sprachliche Verneinung!
Also nicht: „Ich will keine Termine mehr verschieben."
Sondern: „Ich halte meine Termine pünktlich ein."

Oekologisch:
1. Stellen Sie sicher, daß Ihr Ziel keinen anderen aktuellen Zielen widerspricht (KONTEXT).
2. Klären Sie, welchen Aufwand Ihnen die Zielerreichung wert ist (KOSTEN).
3. Überlegen Sie, wie Beteiligte und Betroffene auf die Zielerreichung reagieren werden (KONSEQUENZEN).

Sensorisch konkret: Formulieren Sie Ihr Ziel so konkret, daß Sie sich in den Zielzustand versetzen können – und dort **sehen, hören und spüren** – vielleicht auch riechen und schmecken können.

Individuell: Formulieren Sie Ihr Ziel so, daß die Erreichbarkeit in Ihrer eigenen Person liegt.
Also nicht: „Meine Kollegen mögen mich."
Sondern: „Ich gehe entspannt auf meine Kollegen zu."

Testbar: Woran werden Sie merken, daß Sie sich Ihrem Ziel nähern?
Woran werden Sie merken, daß Sie sich von Ihrem Ziel entfernen?
Woran werden das andere Menschen merken?

Interessant: Formulieren Sie Ihr Ziel so, daß Sie den Kern und die persönliche Bedeutung treffen.
Formulieren Sie es in der Gegenwart! (Nicht „Ich will ..." oder: „Ich werde ..." – sondern: „Ich bin erfolgreich!")

Visionär: Wozu wollen Sie Ihr Ziel erreichen?
Gibt es vielleicht ein größeres Ziel „dahinter"?
Formulieren Sie Ihr Ziel so, daß Sie Ihre Vision und Ihre **persönliche Bedeutung** darin erkennen können!

---

* Die Fragen an den Klienten sind aus Sicht des Beraters formuliert, der seinen Klienten bei der Formulierung seines Ziels unterstützt.

Einige Gedanken zur Ergänzung dieses Zielrahmens:

▶ *Positiv*
Um ein Ziel zu erreichen, ist der erste Schritt die positive Formulierung dieses Ziels. Dieses Kriterium des Zielrahmens bildet die Grundlage für alles Weitere. Überprüfen Sie deshalb Ihr Ziel sorgfältig, denn manche negativen Ausdrücke sind gut versteckt (z.B. vermeiden, aufhören, verringern etc.).

▶ *Sensorisch konkret*
Allgemein gehaltene Ziele wie „Ich will mehr Gelassenheit/selbstsicherer sein" sind auf den ersten Blick unmittelbar verständlich. Wer würde das nicht wollen? Betrachten wir diese Formulierungen genauer – was heißt eigentlich „mehr Gelassenheit"? Was bedeutet „Selbstsicherheit"? Die Wörter verstehen wir natürlich, sie sind uns mehr oder weniger vertraut. Doch was genau bedeutet zum Beispiel „Anerkennung"? Fragen Sie den Klienten, woran er ganz konkret und spürbar erkennen kann, daß er sein Ziel erreicht hat. Was und wie würde er dabei sehen, hören, fühlen, riechen schmecken ...? So kommen Sie Ihrem Ziel bereits einen Schritt näher: Vielleicht findet er heraus, daß „gelassen" für ihn bedeutet, daß er aufrecht steht, die Schultern entspannt oder daß seine Stimme klar und deutlich klingt.

Sobald ein Ziel so formuliert wird, wird es leichter erreichbar. Denn mit diesen Dingen, auf die er nun gestoßen ist – aufrechte Haltung, tiefes Atmen, Stimme usw. –, kann der Klient dann aktiv experimentieren. Die einzelnen Schritte werden deutlicher, um ans Ziel zu kommen. „Wer nicht genau weiß, wo er hin will, kann auch an einer anderen Stelle herauskommen." Das ist eine alte und zutreffende Pfadfinder-Weisheit. Wer sein Ziel dagegen ganz konkret formuliert, kann schon dadurch Wege sehen, wie er es erreichen kann.

▶ *Interessant*
Unterstützen Sie Ihren Klienten dabei, sein Ziel so interessant zu formulieren, daß es ihn reizt, dorthin zu gelangen. Eine einfache Möglichkeit liegt dabei wieder in der Formulierung. Er kann sein Ziel so formulieren, als ob er es bereits erreicht hätte. Also nicht: „Ich möchte endlich morgens besser gelaunt aufstehen", sondern: „Ich stehe morgens gut gelaunt auf und freue mich auf den Tag." Ziele, die in der Gegenwart formuliert sind (ich bin statt ich werde), lassen im Unterbewußten wesentlich farbigere und lebendigere Bilder entstehen, die wiederum wie Magneten für die Zielereichung wirken.

Auch die Länge der Formulierung ist wichtig. Kürzere Sätze wirken stärker und prägnanter. Ziele sollten möglichst kurz formuliert werden. Wenn ein Nebensatz darin verpackt ist, fragen Sie den Klienten nach dem Kern seines Zieles, auf den es ihm wirklich ankommt. Alles schmückende Beiwerk und die Füllwörter können getrost weggelassen werden.

> *Ökologisch*

Manche Ziele haben unerwünschte „Nebenwirkungen" und Begeiterscheinungen, an die der Klient im ersten Moment überhaupt nicht gedacht hat. Bevor er sich daran macht, das Ziel zu erreichen, ist es deshalb sinnvoll, es auf eventuelle Nachteile zu prüfen.

Gehen Sie dabei systematisch die verschiedenen Bereiche seines Lebens mit ihm durch: Beruf, Familie, Freundeskreis, Freizeit ... Wie wird seine Umwelt reagieren, wie der Partner, welche Konsequenzen werden beruflich entstehen? Die Umwelt reagiert möglicherweise überrascht, wenn der Klient sein Verhalten ändert. Wie geht er damit um? Ist er bereit, „Nebenwirkungen" in Kauf zu nehmen? Ganz allgemein formuliert heißt das: Wie hoch ist der Preis für die neue Lösung? Ist der Klient dazu bereit, ihn zu zahlen – oder ist ihm der Preis zu hoch? Wenn mögliche Nachteile dabei auftauchen, kann der Klient sein Ziel entsprechend ändern, anpassen und umformulieren.

Und noch eine Anmerkung: Der Klient kann sich durchaus überlegen, was seine **jetzige** Lösung (also das Problem) für Vorteile bietet. Vielleicht hat auch sie ihr Gutes, und dafür wäre im neuen Ziel kein Platz mehr. Wenn er auf solche „versteckten Vorteile" stößt, kann er Möglichkeiten suchen, wie sie in sein Ziel integriert werden können. Bei genauem Hinsehen gibt es immer eine gute Absicht, warum der Klient sein Ziel bisher noch nicht verwirklicht hat – sei es, weil er (unbewußt) sicherstellen wollte, daß er alle nötigen Informationen vorher sammeln kann, oder weil er sich genügend Zeit lassen wollte oder um bestimmte Dinge noch zu klären/zu lernen/zu erfahren ... – dies hängt von der persönlichen Geschichte ab. Entscheidend für ein ökologisches Ziel ist, daß die gute Absicht[*] des gegenwärtigen Zustandes im Ziel enthalten ist.

2.1.5 Persönliche Stärken nutzen

Ein Kennzeichen der Arbeit mit NLP liegt in der Orientierung an Ressourcen. „Jeder Mensch hat alle Ressourcen, die er braucht", lautet ein Grundsatz. Was bedeutet das Wort Ressource? Potential oder Kraftquelle sind andere Begriffe dafür. Oft handelt es sich dabei um persönliche Erfahrungen, in denen man direkten Zugang zu seinen

---

[*] Dieses Thema kommt ausführlich im Abschnitt „Reframing" zur Sprache.

Stärken und Fähigkeiten hatte. Oder es sind Erlebnisse von besonderer Gefühlsqualität, sogenannte „Gipfelerlebnisse", die uns zum Kern unserer Persönlichkeit führen.

Auch hier lohnt es sich – wie bei den Zielen und Problemen –, den Satz genauer unter die Lupe zu nehmen. „Kann denn jeder Mensch Tennisstar/Millionär/Bundeskanzler etc. werden?", könnte man fragen. Nein, natürlich nicht – und das ist mit dem Satz auch nicht gemeint. Wenn wir ergänzen: „Jeder hat alle Ressourcen, die er braucht, um ein **persönlich erfülltes und sinnvolles** Leben zu führen", dann kommen wir dem Kern der Aussage wesentlich näher. Und genau dabei ist der Berater beim Coaching-Prozeß gefragt. Gute Berater verstehen sich als „Geburtshelfer" – sie unterstützen den Klienten bei der Frage *Wie*; das *Was* und *Wozu* kommt vom Klienten.

NLP hat zahlreiche Methoden entwickelt, um Menschen zu unterstützen, sich ihre Ressourcen zugänglich zu machen. Häufig ist es ja so, daß die Fähigkeit prinzipiell schon da wäre – nur nicht dann, wenn der Klient sie braucht. Im Coaching lernt der Klient nun, Ressourcen aus anderen Kontexten zu identifizieren und für seine Ziele einzusetzen und zu nutzen. Deshalb macht der Satz Sinn, denn ein Berater braucht dem Klienten die Ressourcen nicht beizubringen. Er geht den Weg des Klienten gewissermaßen als Begleiter mit und hilft dem Wanderer, Steine aus dem Weg zu räumen und einen gangbaren Weg zu finden.

Im Persönlichkeits-Panorama kann der Klient seine Ressourcen in verschiedenen Lebensbereichen erkennen. Durch das inhaltliche Verknüpfen von Werten, Fähigkeiten und Verhaltenskompetenz in seinen zentralen Rollen kann er Verbindungen erkennen und persönliche Entwicklungsmöglichkeiten entdecken. Daher ist das Persönlichkeits-Panorama gerade am Beginn einer Beratung sehr gut geeignet, um bei dem Klienten das Bewußtsein seiner eigenen Fähigkeiten und Möglichkeiten zu unterstützen.

2.2 Ein psychologisches Modell der Persönlichkeit

In der Arbeit mit dem Persönlichkeits-Panorama steht das Verständnis der eigenen Persönlichkeit des Klienten im Mittelpunkt der Aufmerksamkeit. Bevor die Methode nun in der Praxis beschrieben wird, ist es deshalb sinnvoll, das zugrundeliegende Modell der Persönlichkeit genauer zu betrachten. Wenn auch ein Klient dieses Persönlichkeitsmodell nicht unbedingt zu kennen braucht, so sollte es doch der Berater kennen, denn es bildet eine der wesentlichen Arbeitsgrundlagen für das Panorama.

2.2.1 Wahrnehmen, Verarbeiten, Handeln: grundlegende psychische Funktionen

Aus unserer Umwelt strömen ständig Reize auf uns ein. Dieses Reizangebot nehmen wir auf zweierlei Weise auf: Ein kleiner Teil davon gelangt ins Bewußtsein und ein weitaus größerer Teil wird unbewußt wahrgenommen. Im normalen Alltag ist es z.B. den wenigsten Menschen bewußt, wie ihre Umgebung riecht, denn sie konzentrieren ihre Aufmerksamkeit auf andere Sinneswahrnehmungen. Doch sobald ein Geruch auftritt, der Gefahr signalisiert, wird dieser unmittelbar bewußt wahrgenommen – „Hier riecht es brenzlig!" – und die gesamte Aufmerksamkeit wird verlagert.

Reize von außen werden von uns also zunächst gefiltert, sortiert und dann verarbeitet. Danach können sie in uns eine bestimmte Reaktion auslösen, die sich oft nur dann verstehen läßt, wenn man die vorgeschaltete interne Verarbeitung mit einbezieht: all das, was wir glauben, denken und wie wir unsere Erfahrungen in unser persönliches Bild der Welt einordnen.

Das menschliche Verarbeitungssystem umfaßt psychische und physische Prozesse gleichermaßen. Beipiele für körperliche Prozesse sind etwa die Atmung – wir atmen ein, in der Lunge wird der Sauerstoff resorbiert und die Restluft wird ausgeatmet – oder der Stoffwechsel – Nahrung wird aufgenommen, verarbeitet und der Rest wieder ausgeschieden. Analog funktioniert auch die Verarbeitung von Informationen: Wir nehmen Informationen auf über unsere Sinneswahrnehmung, wir verarbeiten diese in verschiedener Weise – Denken, Fühlen – und reagieren dann z.B. mit gezieltem Handeln, Sprache oder unbewußtem Körperausdruck.

Die Grundlagen • 27

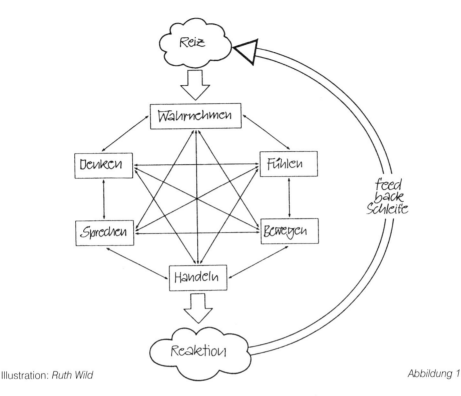

Illustration: *Ruth Wild* Abbildung 1

Mit unseren fünf Sinnen können wir Reize wahrnehmen: Wir sehen, hören, fühlen, schmecken und riechen die Welt, in der wir leben. Aus dem großen Angebot an Reizen „suchen" wir uns einzelne heraus, die dann in unser Bewußtsein gelangen und die wir wahrnehmen. Diese Reizauswahl geschieht blitzschnell und bleibt weitgehend unbewußt. Sie ist notwendig zum Überleben, denn sonst würden wir von der Masse der auf uns einstürmenden Reize buchstäblich überwältigt. Wir können die Auswahl auch bewußt mitsteuern, zum Beispiel wenn wir etwas suchen oder uns auf eine bestimmte Sache konzentrieren. Unser Unbewußtes ist hier aber weitaus schneller und auch leistungsfähiger als das bewußte Denken. Es sortiert die ankommenden Reize nach bestimmten Kriterien, zum Beispiel: Ist ein Reiz gefährlich? Berührt er eines unserer Grundbedürfnisse (zum Beispiel Sicherheit, körperliches Wohlergehen, Zuwendung)? Ist dieser Reiz neu und macht uns deshalb neugierig? Solche Reize sind für unser Überleben wichtig und gelangen deshalb am ehesten durch unsere Wahrnehmungsfilter.

Wie stehen nun Wahrnehmung, Verarbeitung und Reaktionen im Zusammenhang?

Wahrnehmung

- Unsere **Wahrnehmung** wird beeinflusst von der Verarbeitung, das heißt von unseren **Gefühlen**. Ein Beispiel dazu hatten wir bereits erwähnt: Wer sich hungrig fühlt, sieht im Vergleich zu einem satten Menschen mehr Restaurants – und das, obwohl beide die gleiche Straße entlanggehen.
- Ebenso können **Gedanken** die **Wahrnehmung** mitsteuern: „Dort kann mein Schlüssel nicht sein, denn da habe ich ihn sicher nicht hingelegt", sagt sich ein Suchender – und übersieht den Schlüssel, obwohl er tatsächlich genau vor seiner Nase liegt.

Verarbeitung

- Die verschiedenen Ebenen der Verarbeitung beeinflussen sich gegenseitig: **Gedanken** werden von **Gefühlen** begleitet und Gefühle regen zum Denken an – oder können das Denken hemmen, wie wir es in Streßsituationen oft erleben. Die unterschiedlichen Ebenen der Verarbeitung werden im weiteren Verlauf ausführlich dargestellt (psychologische Ebenen).

Reaktion

- Die Verarbeitung wiederum hat Einfluß auf die Reaktionen: Je nachdem, wie wir uns fühlen, ändern sich unsere **Bewegungen** – zum Beispiel das Tempo, der Rhythmus, die Intensität – und auch unsere **Sprache**: Sie wird laut oder leise, voll oder zaghaft, monoton oder ausdrucksvoll. „Man kann in seinem Gesicht lesen wie in einem offenen Buch" ist nur einer der vielen umgangssprachlichen Beschreibungen für den Zusammenhang zwischen innerer Verarbeitung und äußerer Reaktion – in diesem Fall dem Gesichtsausdruck.
- Die Beinflussung von Verarbeitung und Reaktion funktioniert wechselseitig und in beide Richtungen. Die **Körperhaltung** wirkt etwa auf Gefühle zurück – wer aufrecht und entspannt an eine Sache herangeht, fühlt sich emotional anders als jemand, der den Kopf einzieht und die Schultern verspannt. Scheinbar banale Feststellungen, doch sind sie von weitreichender Bedeutung – dann nämlich, wenn wir die Sache umkehren und bewußt unsere Körperhaltung ändern, um uns in eine andere Stimmung zu bringen. In der modernen Depressionstherapie wird dieser Zusammenhang genutzt. Depressiven Patienten wird Waldlauf und körperliche Bewegung verordnet, um so über den Körper Zugang zur Psyche zu bekommen.

2.2.2 Das Ebenen-Modell der Persönlichkeit

Das Persönlichkeitspanorama baut auf dem Ebenenmodell der Persönlichkeit auf, das Robert Dilts, einer der bedeutendsten NLP-Trainer unserer Zeit, als anschauliches Modell eingeführt hat. Dieses Modell bietet eine Grundlage für Fragen, wie unsere Persönlichkeit strukturiert ist, warum wir auf eine ganz bestimmte Weise handeln und wie wir uns verändern können.

Dilts unterscheidet mehrere Ebenen der Persönlichkeit und bezeichnet sie als „Psychologische Ebenen". Zur Veranschaulichung benutzt er dazu das Bild einer Pyramide.

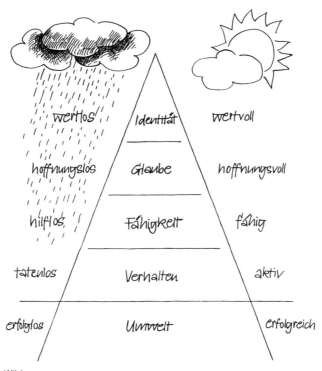

Illustration: Ruth Wild
Abbildung 2

Den Boden, auf dem diese Pyramide steht, bildet unsere **Umwelt**. Das können andere Menschen sein oder auch die Dinge, die uns umgeben. Äußere Reize, die auf uns einwirken, bestimmen unsere Lebensbedingungen mit und bilden Bestandteile unserer Umwelt. Jedes Ereignis findet in einer bestimmten Umgebung statt, in einem Kontext mit anderen Personen, mit Räumlichkeiten, mit Gegenständen.

Diese Umwelt mag physikalisch gleich sein, doch zwei Menschen werden sie nie auf die gleiche Weise erleben, denn sie nehmen sie durch unterschiedliche persönliche Filter wahr. NLP als konstruktivistischer Ansatz geht davon aus, daß wir unser eigenes Modell der Welt erschaffen, indem wir uns aktiv mit ihr auseinandersetzen. Dieses Modell entspricht natürlich nicht der objektiven Realität, doch es hilft uns, uns in der Welt zurechtzufinden. Und als kognitive Landkarte dient uns das persönliche Modell der Welt zur Orientierung. Wahrnehmung ist deshalb ein aktiver Prozeß, mit dem wir uns die Umwelt erfahrbar machen. Wir können die Umwelt mit all unseren Sinnen wahrnehmen und dabei feine Nuancen unterscheiden: Sehen, hören, spüren, riechen und schmecken.

Dann können wir auf unterschiedliche Weise reagieren: mit gezieltem Handeln, Sprechen oder auch mit unbewußten Reaktionen unseres Körpers, der sogenannten Körpersprache. Auch Denken gehört in diese Ebene; schon Freud bezeichnete Denken als „Probehandeln". Die Ebene des **Verhaltens** umfasst also Sprechen und Handeln – gezielt und unbewußt – ebenso wie das Ausdrucksverhalten.

Die nächsthöhere Ebene ist die der **Fähigkeiten**: Wir betrachten nicht mehr nur das bloße sichtbare Tun, sondern die Fähigkeiten dahinter, die uns das Handeln ermöglichen. Hier fließen unser Wissen und unsere Erfahrungen mit ein. Denkfähigkeiten und emotionale Kompetenz sind hier einzuordnen.

Um unsere Fähigkeiten zu entwickeln, ist Motivation nötig, das heißt ein guter Grund, um diese Entwicklung zu wollen. Einstellungen, Überzeugungen, Motive und Werthaltungen bilden deshalb die nächsthöhere Ebene der **Glaubenssätze**.

Welche Überzeugungen wir uns zu eigen machen, steht in direktem Zusammenhang mit unserem persönlichen Selbstbild. Was zu unserer **Identität** passt, erleben wir als stimmig, sinnvoll und wichtig. Unsere Identität wiederum können wir über die zentralen Rollen beschreiben, die wir in unserer Lebensumwelt einnehmen und aktiv gestalten. Vater/ Mutter, Freund/in, Partner/in, Geschäftsmann/frau sind einige Beispiele dafür. Hier sind wir an der Spitze der Pyramide angelangt: der persönlichen Identität. Selbstbild, Selbstwert, Selbstbewußtsein sind Begriffe, die in dieser Ebene ihren Platz haben.

Wenn wir weiter gehen und die Frage stellen, ob es eine höhere Ebene als die persönliche Identität gibt, kommen wir zu der Dimension der Zugehörigkeit und Spiritualität. Wo fühle ich mich zugehörig? Was ist der Sinn meines Lebens? Viktor Frankl, der Begründer der Logotherapie („logos" bedeutet Sinn) gibt hier als Antwort: „Der Sinn des Lebens besteht darin, einen Sinn in ihm zu finden." Im NLP finden wir den Begriff der Vision – auch das ein äußerst aktueller Aspekt, der nicht nur im Beratungskontext eine Rolle spielt, sondern auch in der Wirtschaft gefragt ist: Visionäres Management ist ausgesprochen gefragt in zahlreichen Unternehmen.

Nicht für alle Klienten wird es relevant sein, diese Visions-Ebene zu thematisieren, und die Arbeit mit dem Persönlichkeits-Panorama läßt sich auch ohne sie gestalten. Doch die Erfahrung zeigt, daß die Inhalte dieser Ebene das gesamte Panorama bereichern können. Daher ist es für den Berater sinnvoll, sich auch damit vertraut zu machen. Inhaltlich beantwortet jeder Klient die Fragen nach Sinn und Zugehörigkeit für sich auf seine ganz persönliche Weise. Der Berater stellt die Fragen, um den Klienten zu unterstützen, seine eigenen Antworten dafür zu finden.

Kritiker des Modells der psycho-logischen Ebenen bemägeln, daß die „logischen" Ebenen nicht den Gesetzmäßigkeiten der formalen Logik entsprechen. Das tun sie in der Tat nicht – denn es sind schließlich psycho-logische Ebenen. Und die Psychologie fügt sich nicht immer genau in die strengen Regeln der formalen Logik und Mathematik ein. Menschen sind eben keine Maschinen, sondern lebendige, offene Organismen.

Interessant ist es jedoch, daß auch die erwähnten Kritiker ausdrücklich betonen, wie hilfreich die Arbeit mit dem Ebenen-Modell in der Beratungspraxis ist. Denn das Modell der psycho-logischen Ebenen ist leicht verständlich – auch und gerade für Nicht-Psychologen. Da der Großteil der Klienten psychologisch wenig oder nicht „vorbelastet" ist, bietet sich dieses Modell also geradezu zum Arbeiten an. Und wie gesagt, selbst Kritiker des Konzepts erkennen seine Relevanz und Wirksamkeit im Beratungskontext an.

2.2.2.1 Das erweiterte Persönlichkeitsmodell

Betrachten wir die beiden vorgestellten Modelle im Zusammenhang. Wie ergänzen sich die Ebenen der Persönlichkeit mit den Grundmechanismen *Wahrnehmung – Verarbeitung – Reaktion*?

Auf der Ebene des **Verhaltens** lassen sich konkrete Handlungen einordnen, ebenso die Sprache. Was wir tun und sagen, kann beobachtet werden und somit dem Verhalten zugerechnet werden. Dasselbe gilt für eine Verhaltensvariante, die uns in der Regel weitgehend unbewußt bleibt: das Ausdrucksverhalten. Es umfaßt etwa die Körperhaltung, den Gesichtsausdruck, die Körperspannung oder auch die Atemfrequenz. All das kann von außen beobachtet werden und stellt auch eine Art von Verhalten dar. Und wenn wir die Wahrnehmung betrachten, dann gehört sie eindeutig auch auf diese Ebene, denn Wahrnehmen ist ein aktiver Prozeß, den wir als Verhalten beschreiben können, z.B. Hinschauen, Zuhören, Fühlen oder Tasten.

Die zweite Ebene im Persönlichkeitsmodell umfaßt die **Fähigkeiten** auf mentaler Ebene. Hier lassen sich alle gedanklichen und emotionalen Repräsentationen einordnen, also Denken und Gefühl. (Dieses Gefühl im Sinne von Emotion ist übrigens etwas anderes als das Fühlen bzw. Spüren auf Wahrnehmungsebene!) Strategien als Abfolge von gedanklichen Schritten mit einem bestimmten Ziel gehören ebenfalls auf diese Ebene der Fähigkeiten.

Auf der Ebene der **Werte** finden wir Begriffe wie Ziele und Visionen. Sie wirken richtunggebend für die Ebenen darunter: Was wir für wichtig und wertvoll halten, dafür entwickeln wir Strategien und das setzen wir im Verhalten um. Motive und Absichten beeinflussen unser Denken und Fühlen und wirken als Triebkraft hinter den Handlungen. – Die enge Wechselwirkung von der Werte-Ebene mit den darunter angesiedelten Ebenen wird hier ganz deutlich.

Die Ebene der **Identität** interessiert im Rahmen des Persönlichkeits-Panoramas natürlich ganz besonders. Was bedeutet eigentlich „Identität"? Bedeutet es das Unverwechselbare an mir – das „Ich bin Ich bin Ich"? Einerseits sind wir einzigartig und unverwechselbar, denn jeder von uns hat seine ganz speziellen Erfahrungen, Wahrnehmungen, Werte und Einstellungen. Andererseits haben wir Gemeinsamkeiten mit allen anderen Menschen, etwa die Tatsache, daß wir die Welt durch unsere fünf Sinne aufnehmen und dabei bestimmten Grenzen unterliegen. Insofern sind wir alle gleich, denn wir haben gleiche Wahrnehmungsschwellen. Wie wir dieses Spannungsfeld zwischen „einzigartig" und „gleich" gestalten, macht unsere Identität aus.

Das Selbst-Bewußtsein, das Wissen um die persönliche Eigenart und Einzigartigkeit der Persönlichkeit lässt sich der Ebene der Identität zuordnen. Die Identität hat verschiedene Facetten, die wir als Rollen verstehen können. Je nachdem, ob eine Beraterin ihre Klientin als Geschäftsfrau, Mutter, Ehepartnerin oder Tochter der eigenen Eltern anspricht, wird die Klientin unterschiedliche Rollen aktivieren und eine Situation (**Umwelt**) auf durchaus unterschiedliche Weise beurteilen. Nehmen wir als Beispiel die Frage, wie die Klientin auf eine direkte Forderung eines Freundes reagiert, die sie zwar erfüllen könnte, doch das nur unter beträchtlichem Aufwand. Als erfahrene Geschäftsfrau wird sie dem Freund wohl höflich und bestimmt Grenzen setzen. Als Mutter mag sie Rücksicht nehmen auf seine Gefühle, als Ehepartnerin ist ihr vielleicht die Meinung ihres Mannes dazu wichtig, und als Tochter aus der eigenen Herkunftsfamilie fühlt sie sich wieder an eine Familienregel erinnert, daß Neinsagen unhöflich ist. Diese Reaktionen sind hier plakativ überzeichnet, doch die meisten Menschen kennen ganz ähnliche Phänomene aus der eigenen Erfahrung.

Die Soziologie hat die beiden Begriffe der Rollenerwartung und Rollengestaltung geprägt. Wer eine Rolle übernimmt, passt sich damit einerseits an Rollenerwartungen an. Andererseits bringt er in die Rolle auch seine individuelle Eigenart ein; das ist die aktive Rollengestaltung. Manche Rollen füllen ihren Träger so vollkommen aus, so daß es

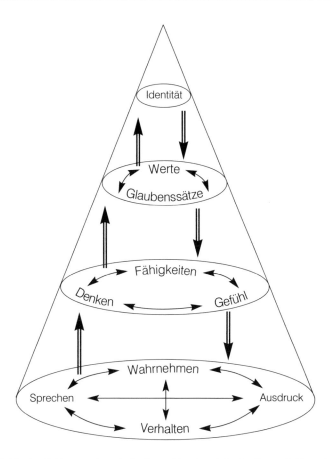

Abbildung 3: Die Wechselwirkungen innerhalb dieses Kegelmodells der Persönlichkeit sind in der Grafik schematisch dargestellt.

scheint, als wäre in diesem Fall die Rolle die Identität. Manche Manager fühlen sich ohne vollen Terminkalender und klingelndes Handy schlicht und einfach nicht vollständig. Sie haben massive Schwierigkeiten, aus ihrer Rolle einmal auszusteigen – weil sie gar nicht mehr genau wissen, wer sie außerhalb der gewohnten Rolle eigentlich sind.

Halten wir fest: Das mehrdimensionale Verständnis der Identität als Zusammenwirken verschiedener Rollen kann das Verständnis der Persönlichkeit erleichtern und erweitern. Wenn wir das Persönlichkeitsmodell als Kegel räumlich darstellen, dann können wir jede Rolle sozusagen als „Tortenstück" beschreiben, das in voller Höhe aus diesem Kegel herausgelöst wird. Scheinbar widersprüchliche Verhaltensweisen werden erklärbar, wenn wir unterschiedliche Rollen miteinbeziehen. Und der Einfluß einer Rolle auf die darunterliegenden Ebenen der Werte, Fähigkeiten und schließlich des Verhaltens kann manche Problematik in neuem Licht erscheinen lassen.

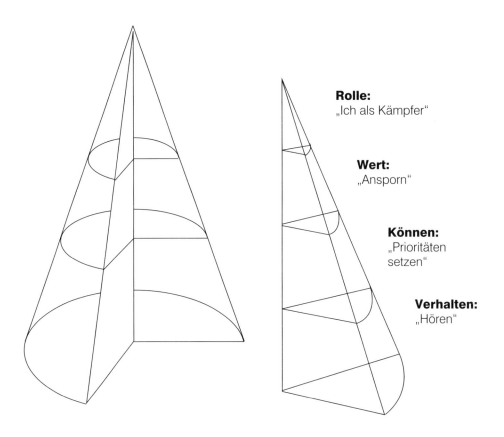

Abbildung 4: Rollen als „Kegel-Segment"

Hier ein praktisches Beispiel, wie dieselbe Situation ganz unterschiedliche Ergebnisse erbringt – je nach der Einstellung der betreffenden Person.

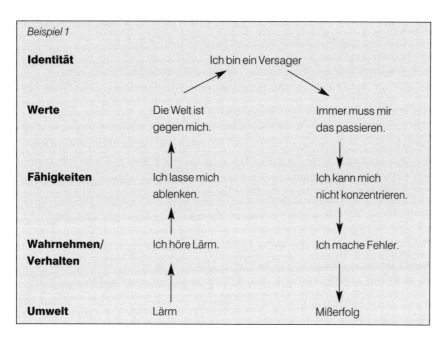

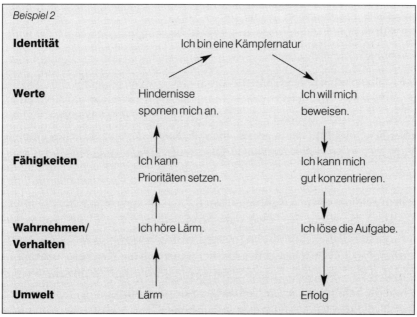

Dieses Persönlichkeitsmodell ist auch psychologisch wenig oder gar nicht vorgebildeten Klienten leicht verständlich und eingängig. Es findet sich ungeachtet aller wissenschaftlichen Modelle im „gesunden Menschenverstand" in vergleichbarer Form herausgebildet. Zum einfacheren Verständnis kann es auch mit den wesentlichen Modalverben gut verdeutlicht werden: können, wollen, dürfen, müssen.

Die Frage der Identität lautet: „Wer bin ich?" Sie wird mit dem **SEIN** beantwortet. „Ich bin, der ich bin" ist die einfachste Beschreibung einer Persönlichkeit, eines Individuums. Diese Persönlichkeit ist das bestimmende Prinzip für alles, was zu mir gehört und passt – oder auch nicht. Insofern ist diese Ebene auch das Kriterium dafür, was wir **DÜRFEN**: Es ist die Instanz unseres Gewissens. Diese innere, persönliche Erlaubnis ist nicht zu verwechseln mit einer Erlaubnis eines anderen von außen, die wir erst erbitten müssen. Ein Pfarrer darf nicht fluchen, ein katholischer Pfarrer nicht einmal heiraten. Ob ein Gesprächspartner, der sich zum vierten Mal wiederholt, unterbrochen werden darf oder nicht, kann jeder Beteiligte in diesem Moment nur selbst entscheiden.

Auf der Ebene der Werte wirkt das **WOLLEN**: Was ist wichtig genug, daß jemand es wirklich will? Das Wort wollen ist ja in vielerlei Hinsicht deutbar, deshalb sei hier einem häufigen Mißverständnis vorgebeugt: Hier geht es nicht um Willkür und Beliebigkeit, sondern hier sind die intentionalen und motivationalen Aspekte gemeint: der „feste Wille" und die „wahren Bedürfnisse". Ziele und Absichten sind ebenso zu berücksichtigen wie Motive und Interessen. Viele Werte sind in Glaubenssätze eingebunden: in Regeln, Familiensprüche und andere Sätze, von denen manche glauben, es seien ewige Wahrheiten. Die Frage auf dieser Ebene lautet: „Warum will ich das wirklich? Wozu brauche ich das?"

Fähigkeiten werden vom **KÖNNEN** bestimmt. Dabei sind sowohl bestimmte Talente als Ressourcen beteiligt, als auch erworbene, ausgebildete und trainierte Fertigkeiten. Das gilt auf der körperlichen Seite ebenso wie auf der geistigen, mentalen Seite. Ein wesentliches Verdienst des NLP ist ja gerade auch die Kunst der ausführlichen Analyse und Bearbeitung von mentalen Strategien. Die entscheidende Frage für diese Ebene lautet „WIE?".

Zum Verhalten gehören sowohl Wahrnehmen einerseits als auch bewußtes und unbewußtes Handeln andererseits. Auch wenn die Schlüsselfrage „Was **TUN**?" von vielen eher auf das äußere Verhalten hin verstanden wird, so ist doch gerade das Wahrnehmen ein sehr persönlicher und entscheidender Akt, der prinzipiell die Weichen für die innere Verarbeitung stellt – nach dem Prinzip „garbage in, garbage out". Wahrnehmen und Verhalten sind die Schlüsselstelle für Kontakt und Kommunikation. Je mehr jemand sagt und tut, desto mehr kann der Partner wahrnehmen. Und das bedeutet, daß mehr an „auswertbarem" Material zur Verfügung steht – wenn dafür auch genügend Zeit bleibt.

Die Umwelt ist definiert durch die Situation: WO und WANN findet eine Aktivität statt? Ist eine Strategie angemessen? Ist ein Wert wichtig? Interessant ist hier die Frage, wer denn eigentlich die Angemessenheit festzustellen hat. Für viele Menschen gehört gerade auch im sozialen Umfeld dazu, daß wir auf die Gegebenheiten der Situation Rücksicht nehmen **MÜSSEN**. Die Situation enthält oder liefert Sachzwänge. Diese Sichtweise schränkt die Persönlichkeit ein. Hier schließt sich der Kreis: Ein Mensch mit einer gesunden Persönlichkeit handelt selbstverständlich unter Berücksichtigung der Situation – allerdings tut er dies, ohne die Verantwortung der Situation den anderen Beteiligten zuschieben zu wollen. Er übernimmt selbst die Verantwortung und handelt nach seinem und ihrem Gewissen.

Ein Mensch, der hauptsächlich macht, was **andere** wollen, wird sich als fremdgesteuert erleben. Das mag zwar zunächst bequem sein, weil er sich nicht mit seinen eigenen Werten, Motiven und Bedürfnissen auseinanderzusetzen braucht, doch auf lange Sicht schränkt er sein persönliches Wachstum auf diese Weise drastisch ein. Auch der Sekundärgewinn, den er in Form von sozialer Anerkennung („Brav – hilfsbereit – umgänglich") erfährt, kann dies auf Dauer nicht ausgleichen. Letztlich geht es wieder einmal um das gesunde Gleichgewicht zwischen „ich will" und „andere wollen". Dieses Spannungsfeld zwischen den eigenen Bedürfnissen und denen der anderen bietet eine zentrale Entwicklungsmöglichkeit für die Persönlichkeit.

Psychologische Ebenen	Strategische Ebenen	Modus	Frage
Identität	Bestimmende Prinzipien	Sein Dürfen	WER?
Werte	Ziel, Motiv, Absicht	Wollen	WOZU? WARUM?
Fähigkeit	Strategie	Können	WIE?
Verhalten	Aktivität	Tun	WAS?
Umwelt	Ergebnis	Müssen	WO? WANN?

Das ermöglicht ein zusammenfassendes Verständnis von Persönlichkeit:

„Ich bin, was ich will, kann und tue."
Oder: **„Indem ich tue, was ich will* und kann, bin ich ICH."**

---

* was ich will = was mir wichtig ist

2.3 Neue Blickwinkel: die Wahrnehmungspositionen

In der Alltagssprache läßt sich der Nutzen einer neuen Perspektive bildhaft wiederfinden – „Er sieht den Wald vor lauter Bäumen nicht!" –, und bereits in der Bibel ist davon die Rede, wie eingeschränkt unsere Wahrnehmung sein kann: „Er beklagt sich über den Splitter im Auge des anderen, doch sieht nicht den Balken in seinem eigenen." Der Entwicklungspsychologe Jean Piaget hat sich als einer der ersten damit beschäftigt, wie und wann wir in der Lage sind, eine Situation aus verschiedenen Blickwinkeln zu betrachten. Kleine Kinder erleben sich selbst als den Mittelpunkt ihrer Welt. Sie sind zunächst nicht in der Lage, sich in die Perspektive eines anderen hineinzudenken. Piaget untersuchte dies, indem er Kinder unterschiedlichen Alters vor eine nachgebaute Berglandschaft stellte und sie bat, ihre Sicht des Bergs zu beschreiben. Danach sollten sie erzählen, wie ein anderer Betrachter den Berg sieht, der genau von der anderen Seite darauf schaut. Kleine Kinder gehen selbstverständlich davon aus, daß jeder andere den Berg – und damit die Welt – genauso sieht, wie sie selbst es tun. Dieses egozentrische Weltbild ist typisch für Kleinkinder. Kindergartenkinder sind dagegen schon eher in der Lage, sich in die Perspektive eines anderen Beobachters hineinzudenken, und für Schulkinder ist dies relativ einfach, auch wenn der Beobachter eine ganz andere Perspektive einnimmt.

Für die Beratungsarbeit ist es hilfreich, verschiedene Wahrnehmungspositionen zu unterscheiden. Der Berater kann seinen Klienten dann gezielt dabei unterstützen, verschiedene Wahrnehmungspositionen einzunehmen, um so seine Situation und sich selbst ganzheitlich wahrzunehmen. Jede der Wahrnehmungspositionen hat ihre speziellen Merkmale, die für die Arbeit gezielt genutzt werden können.

1. Position: Die eigene Position – ICH

Ich erlebe eine Situation hier aus meiner eigenen Perspektive. Ich bin mitten im Geschehen: Ich sehe durch meine eigenen Augen, höre mit den eigenen Ohren und erlebe die dazugehörigen Gefühle.

Dies ist unsere häufigste Wahrnehmungsposition im Alltag. „Ich stecke mitten drin – bis über beide Ohren – mit Haut und Haar" sind nur einige Metaphern der Alltagssprache, die diesen Zustand beschreiben. Kennzeichnend dafür ist das unmittelbare, direkte Erleben einer Situation – in der Regel ohne weitergehende bewußte Reflektion.

2. Position: Die Position des anderen – DU

Wenn ich „in die Schuhe des anderen steige", kann ich eine Situation aus der Perspektive des beteiligten Anderen erleben. Ich versetze mich in seine Rolle und bin so mitten in seiner Wahrnehmung der Situation. Ich sehe quasi durch seine Augen, höre mit seinen Ohren und erlebe seine Gefühle.

Kleine Kinder sind noch nicht in der Lage, diesen Schritt zu tun – für Erwachsene ist es relativ einfach: „Wenn ich mir vorstelle, wie es ihm jetzt geht ...", „An ihrer Stelle hätte ich ...", „Ich möchte nicht in seiner Haut stecken, weil ..."

Entscheidend für die Qualität dieser Wahrnehmungsposition ist es, daß der Betreffende möglichst genau „in die Schuhe des anderen steigt". Wenn er nur so tut als ob und in Wirklichkeit seine eigenen Filter und Gewohnheiten mitnimmt, wird in dieser Position wenig Neues auf ihn warten. Nutzt er jedoch die Möglichkeit, unvoreingenommen und mit einer gewissen Neugier die Perspektive des anderen zu erkunden, kann er wesentliche Eindrücke mitnehmen, die seine eigene Perspektive (in der 1. Position) bereichern und sinnvoll ergänzen.

3. Position: Beobachter-Rolle – AUSSERHALB der Situation

Als außenstehender, interessierter Beobachter betrachte ich die Situation von außen. Ich bin selbst nicht direkt beteiligt, denn ich sehe alles von außen – mich selbst (1. Position), den Partner (2. Position) und den gesamten Kontext der Situation.

Ich bin als Beobachter nicht selbst betroffen und habe deshalb Abstand zu dem, was in der Situation geschieht. Ich kann sehen und hören, was die Beteiligten sagen oder tun und kann es als Beobachter oder Reporter von außen beschreiben.

Bereits in der Antike war diese Perspektive bekannt und geschätzt: „Gib mir einen Platz außerhalb der Welt, und ich kann sie aus den Angeln heben." Auf die Gegenwart und speziell auf den Beratungskontext übertragen, liegt hier der Nutzen der Beobachter-Rolle: Der Außenstehende ist in der Lage, die Interaktion innerhalb des Systems zu betrachten und mit größerem Überblick zu verfolgen, was „drinnen" geschieht. So wird es möglich, einschränkende Muster in der Kommunikation aufzudecken und zu verändern, denn der Beobachter kann Ideen entwickeln, die den Beteiligten weiterhelfen können.

Der gezielte Wechsel zwischen den Wahrnehmungspositionen ermöglicht die vollständige Wahrnehmung einer Situation. So können Lösungsansätze entdeckt, benannt und erarbeitet werden. Das erleichtert ein umfassendes Verständnis der Situation und ihre Veränderung.

Für die Arbeit mit dem Persönlichkeits-Panorama ist die Nutzung verschiedener Wahrnehmungspositionen eine wichtige Grundlage. Zunächst beschreibt der Klient seine persönliche Sichtweise: Wie erlebe ich mich selbst, was weiß ich über mich, was scheint mir wichtig? Im nächsten Schritt kann er dies durch die Perspektive anderer Menschen aus seiner Lebensumwelt erweitern. Das Fremdbild kann so das Selbstbild sinnvoll ergänzen und bereichern. Nachdem er so die 1. und 2. Position genutzt hat, um das Rohmaterial für das Persönlichkeits-Panorama zu sammeln, wird in einer weiteren Phase der nötige innere Abstand hergestellt, um mit diesem Material zu arbeiten. Der Klient geht in die Rolle eines interessierten Beobachters und beschreibt von außen, wie das Persönlichkeits-Panorama auf ihn wirkt. Er kann als außenstehender Betrachter Lücken im Bild erkennen, Widersprüche identifizieren und „den roten Faden" finden, der das Mosaik zu einem subjektiv sinnvollen Ganzen werden läßt.

Beratung als Hilfe zur Selbsthilfe unterstützt den Klienten darin, selbstverantwortlich zwischen den verschiedenen Wahrnehmungspositionen zu wechseln und so seine Wahrnehmung zu komplettieren. Auf diese Weise lernt er, eigene Filter zu erkennen, „blinde Flecken" zugänglich zu machen und psychologische Scheuklappen zu öffnen. Er kann so seine eigene Sicht der Welt verändern, weil er einen Platz außerhalb von ihr nutzen kann. Es ist wohl nicht jedesmal nötig, diese Welt gleich aus den Angeln zu heben, doch eine vollständigere Wahrnehmung von Situationen erleichtert es in jedem Fall, konstruktiv mit dem umzugehen, was die Welt bietet.

2.4 Probleme als Chance zum Umdenken

Der Beratungsansatz im NLP ist ziel- und lösungsorientiert. Ziele sind wichtiger als Probleme, hieß es bereits am Beginn dieses Grundlagenkapitels. In einer NLP-Arbeit unterstützt der Berater seinen Klienten zunächst beim Finden und Formulieren seiner Ziele. Statt sich primär auf Defizite zu konzentrieren, werden zunächst einmal Ziele und Wünsche besprochen und geklärt, wie sie zu der Persönlichkeit und Lebenswelt des Klienten passen. Danach können Wege gesucht werden, die es ermöglichen, mit Schwierigkeiten oder Einschränkungen umzugehen und sie aufzulösen. Dieser Ansatz hat wesentliche Auswirkungen darauf, wie in der gesamten Beratung mit Problemen umgegangen wird.

Probleme sind ja in der Regel der Anlass dafür, daß jemand überhaupt Beratung sucht. Viele Klienten kommen mit dem Ziel in die Beratung, daß der Therapeut sie von ihrem Leiden kuriert. Am liebsten soll er einfach das Symptom „wegmachen", damit sie es möglichst schnell los sind. Diese Sichtweise beinhaltet eine grundlegend negative Bewertung von Problemen. Sie sind etwas, das man lieber heute als morgen los ist. Ein NLP-Berater wird die Einschätzung nicht teilen, daß Probleme nur störend sind und möglichst schnell eliminiert werden sollten. Er wird den Klienten statt dessen unterstützen, Probleme als Möglichkeit zu persönlichem Wachstum und Entwicklung zu verstehen und entsprechend zu handeln. Dieses grundlegende Umdenken ist für viele Klienten zunächst überraschend. Doch die Ergebnisse sprechen für sich – nicht umsonst ist NLP zu einer der effektivsten Beratungsmethoden geworden.

Jeder Mensch kann sich immer wieder aufs Neue entscheiden, worauf er seine Aufmerksamkeit richtet – auf Verhaltensweisen, die er negativ bewertet und worüber er sich ärgert, oder auf das, was „hinter" diesem Verhalten steht. Diese verschiedenen Sichtweisen haben gänzlich verschiedene Auswirkungen. Wenn wir Probleme als Chance betrachten können, bieten sie wichtige Möglichkeiten für die persönliche Entwicklung, denn das Problem zeigt uns die Richtung. Konzentrieren wir uns dagegen bloß auf das Problem und bekämpfen es als Störenfried, bleiben wir darin stecken und verbrauchen unsere Energie mit einem inneren Kampf gegen uns selbst.

2.4.1 Das Prinzip der positiven Absicht*

Eine grundlegende Annahme des NLP ist es, daß hinter jedem Problem eine subjektiv positive Absicht steht. Und es ist ein Grundprinzip der Beratung, das (Problem-)Ver-

---

* Die Grundgedanken des Umdeutens werden nun im Zusammenhang beschrieben. Die Praxisanwendung folgt im 3. Kapitel ab S. 65, eine Kurzübersicht im Anhang auf S. 150.

halten von dieser positiven Absicht zu trennen und nicht beides zusammen in einen Topf zu werfen. Was bedeutet nun „positive Absicht"? Für wen ist sie positiv?

Die Psychologie kennt den Begriff der Motivation als Triebfeder unserer Handlungen. Motivation ist unmittelbar mit dem Prinzip der guten Absicht gekoppelt, denn sie bringt uns dazu, bestimmte Handlungen auszuführen und andere zu vermeiden. In beiden Fällen ist die Absicht subjektiv positiv, das heißt für den Handelnden sinnvoll. Genau das ist der entscheidende Punkt: Die Absicht hinter dem Verhalten ist mindestens für den Handelnden selbst positiv, in seiner eigenen Sicht der Welt. Diese **subjektiv gute Absicht** ist grundsätzlich vorhanden, auch wenn das Verhalten selbst als negativ zu werten ist.

Dies gilt auch für extreme negative Verhaltensweisen und ist die Grundlage jeder Beratung. Wenn der Berater zusammen mit dem negativen Verhalten die ganze Persönlichkeit des Klienten ablehnen würde, könnte er nicht mit dem Klienten arbeiten. Im Gegenteil: In der Regel würde durch solche Kritik und Ablehnung das negative Verhalten eher noch gestärkt. Wer in der Lage ist, die subjektiv positive Absicht vom objektiv negativen Verhalten zu trennen, hat eine andere Basis. Das Verhalten mag inakzeptabel sein und bleiben – doch die Motivation zu diesem Verhalten ist immer für den Handelnden positiv und kann deshalb als Ausgangsbasis für die Veränderungsarbeit dienen. Positiv ist übrigens nicht gleichbedeutend mit bewußt. Die Absicht ist den Klienten häufig selbst nicht bewußt und sie wehren sich sogar gegen die Idee einer guten Absicht hinter dem Problem. Das Problem ist so groß und belastend – wie kann sich da etwas Positives dahinter verbergen? Es lohnt sich, bei der Beantwortung dieser Frage etwas weiter auszuholen.

Der menschliche Organismus kann sich laufend auf unterschiedliche Situationen einstellen, kann dazulernen und sein Verhaltensrepertoire ständig erweitern. Das geschieht weitgehend unbewußt; viele Verhaltensweisen, die wir von anderen übernehmen – seien es nun sprachliche Eigenheiten, Gesten, Kleidungsgewohnheiten oder vieles andere – übernehmen wir ohne lange darüber nachzudenken. Dieses automatische Lernen leistet uns unschätzbare Dienste, denn bewußt wären die Lernaufgaben, die wir in unserem Leben vor uns haben, nicht zu meistern. Wir können davon ausgehen, daß jedes Verhalten, das wir irgendwann einmal erworben haben, für diese damalige Situation die einfachste und beste (Problem-)Lösung war, zu der unser Organismus damals in der Lage war.

Nehmen wir ein typisches Beispiel: ein quengelndes Kind. Das (Problem-)Verhalten kann sich verschieden äußern: als leises Jammern oder Weinen bis hin zum lautstarken Gebrüll. Die Absicht, die beim Kind in der Regel dahinter steht, ist, Aufmerksamkeit zu bekommen, sei es, weil die Mutter schon so lange telefoniert, der Vater Zeitung liest oder weil es dem Kind einfach im Moment nicht so gut geht und es sich allein fühlt. Das Kind kann nun im Laufe der Zeit verschiedene Möglichkeiten ausprobieren, in seinem Bestreben, die Aufmerksamkeit der anderen auf sich zu lenken. Wenn sich als erfolgreichste Strategie das Weinen herausstellt, so wird es diese Möglichkeit wahrscheinlich beibehalten. Bei kleinen Kindern, die noch nicht sprechen können, ist das ganz natürlich, denn sie haben noch wenig andere Möglichkeiten, um auf sich aufmerksam zu machen.

Problematisch wird die Lage, wenn sich die Situation ändert und dennoch das alte Verhalten beibehalten wird. Die Absicht des Kindes bleibt also die gleiche – Aufmerksamkeit bekommen –, doch seine Möglichkeiten, diese Absicht durch Verhaltensweisen zu erreichen, haben sich mittlerweile geändert. Das Kind ist älter und hätte eigentlich schon andere Möglichkeiten, seine Bedürfnisse mitzuteilen. Solange das alte Verhalten (Weinen) einigermaßen erfolgreich ist, wird es aber in der Regel beibehalten. Es ist zur Gewohnheit geworden. Das hindert das Kind daran, neue Möglichkeiten zu entdecken: zum Beispiel das klare Äußern von Wünschen.

So unbewußt, wie das früher erfolgreiche Verhalten gelernt worden war, wird es jetzt immer wieder eingebracht und wiederholt. Das Bewußtsein kann ja nur einen kleinen Teil dessen überblicken, was durch das Verhalten erreicht wird. Warum könnte zum Beispiel ein Erwachsener weinen, um Aufmerksamkeit zu bekommen, obwohl er oder sie sehr viel bessere und präzisere Möglichkeiten hätte, sich auszudrücken? Es kann dabei eine Rolle spielen, daß Weinen früher auch den schönen Nebeneffekt hatte, daß die helfenden Erwachsenen dann die Verantwortung für das Klären der Situation übernahmen. Das Kind konnte sich bequem bemuttern lassen, und die Problemlösung übernahmen die „Großen". Dieser angenehme (und meist ganz unbewußte) Nebeneffekt funktioniert oft auch heute noch – und deshalb wird das alte Verhalten beibehalten.

Inzwischen hat das Bewußtsein vielleicht eingesehen, daß ein plötzlicher Tränenausbruch nicht die optimale Kommunikationsform ist. Dann wird das alte Verhalten oft als „Schwäche" oder „Fehler" abgewertet. „Ich versuche ja, mich zu ändern, aber ich schaffe es einfach nicht." Wenn der Klient dann versucht, diese Schwäche zu bekämpfen und auszumerzen, hat er in den seltensten Fällen Erfolg. Im Gegenteil: Die bekämpfte Gewohnheit scheint immer hartnäckiger zu werden.

Warum ist das so? Sobald ein Klient eine Gewohnheit abschaffen will, widmet er diesem Fehler ungewöhnlich viel Aufmerksamkeit. Viele kennen z.B. das Problem, daß sie immer dann, wenn sie wirklich einmal abnehmen möchten, erst recht an Essen denken. Der Hunger scheint plötzlich viel größer geworden zu sein, und ständig geistern Bilder von guten Speisen im Kopf herum ... In diesem Fall konzentriert sich der Mensch auf den „Fehler", das störende Verhalten, die Gewohnheit, die er abschaffen will. Durch diese Konzentration entstehen natürlich eine ganze Menge Bilder in seinem Bewußtsein und in der unbewußten Verarbeitung. So bekommt das störende Verhalten neues Futter.

2.4.2 Verschiedene Anteile der Persönlichkeit

Wenn wir von dem Denkmodell ausgehen, daß verschiedene Anteile der Persönlichkeit für Verhaltensweisen „zuständig" sind, so bietet sich noch eine andere Erklärung dafür an, daß sich Schwächen so schlecht ausmerzen lassen. Der Teil, der für das störende Verhalten zuständig ist, fühlt sich durch den Wunsch, ihn radikal abzuschaffen, natürlich in seiner Existenz bedroht. Und dagegen wehrt er sich erst einmal gewaltig, denn wer will schon gerne abgeschafft werden?

Dieses Teilemodell der Persönlichkeit ist seit Satir und Perls in der Psychotherapie weit verbreitet und wird auch im NLP genutzt. Für die meisten Klienten ist die Vorstellung eines „inneren Teams" unmittelbar nachvollziehbar, denn vieles davon findet sich in Redewendungen der Alltagssprache wieder: Wir sprechen vom „Kind im Manne" oder von „zwei Seelen in einer Brust". Man ist „mit sich uneins" oder fühlt sich „gespalten" oder gar „zerrissen". Probleme tauchen immer dann auf, wenn diese verschiedenen Seiten oder Anteile im Ungleichgewicht sind und sich widersprechen. Manche Klienten fragen sich zunächst, wie sie denn mit diesen „Teilen" reden können. Sie sind doch eigentlich verschiedene Seiten einer ungeteilten Persönlichkeit, und wer ist das „Ich", das mit ihnen reden will? Die Frage ist nur rhetorisch – Klienten können sich nach einiger Übung mit verschiedenen Persönlichkeitsanteilen identifizieren, und dann mit den „anderen Teilen" reden, als wären sie Gesprächspartner.

Wenn jedem Verhalten eine positive Absicht zugrunde liegt, ist die Vorstellung hilfreich, daß ein bestimmter „Persönlichkeitsanteil" für diese Absicht verantwortlich ist und sie durch ein entsprechendes Verhalten erreichen möchte. Das wäre also das Motiv dieses bestimmten Team-Mitgliedes. Nun kann es vorkommen, daß das Verhalten, das dieser Teil zur Realisierung auswählt, nicht gut zum restlichen Team paßt – das bedeutet, es entsteht ein Problem. Will der Klient diesen Teil jetzt kritisieren, unterdrücken oder gar loswerden, so stößt er mit Sicherheit auf Widerstand, denn der Teil selbst kennt ja seine gute Absicht. Er ist vom Sinn dieser Absicht überzeugt und wird sie deshalb so leicht nicht aufgeben. Also ist es viel sinnvoller, den Persönlichkeitsanteil mit seiner guten Absicht ernst zu nehmen und ihn zur Zusammenarbeit mit dem übrigen Team zu motivieren. Dann können neue Möglichkeiten gefunden werden, wie die gute Absicht sichergestellt werden kann: über andere Verhaltensweisen, die weniger oder gar keine störenden Nebenwirkungen haben. Und dann wurde das Problem als Lern- und

Entwicklungs-Chance genutzt. Nebenbei lernt der Klient so auch eine Möglichkeit, wie er selbst mit künftigen Problemen umgehen kann. Für manche Klienten wird diese „innere Team-Besprechung" so zur festen Gewohnheit, die sie in ihren Alltag integrieren und so auftauchende Konflikte gleich bearbeiten können.

Eine echte und ökologische Veränderung ist nur dann möglich, wenn der Klient die (unbewußte) positive Absicht der „Schwäche" erkennen und würdigen kann. Der Teil seiner Persönlichkeit, der für den „Fehler", die „Schwäche" verantwortlich ist, greift ja nicht aus purer Bosheit zu dem problematischen Verhalten. Vielmehr tut er es, weil ihm momentan keine besseren Verhaltensweisen zur Verfügung stehen, mit denen er seine gute Absicht verwirklichen kann. Für seine gute Absicht kann der Klient ihm dankbar sein, denn sie ist für ihn positiv. Bei der Frage, wie diese Absicht angemessen verwirklicht werden kann, wird der Teil gerne Hilfe annehmen – wenn er sich und seine gute Absicht gewürdigt weiß. Auf dieser Basis kann der Klient dann neue Verhaltensweisen finden, die die gute Absicht auf bessere Weise sicherstellen, als es das problematische Verhalten („Fehler", „Schwäche", „Problem") tat.

Wenn ein Klient die gute Absicht gefunden hat, scheint es oft unangemessen, das alte störende Verhalten weiterhin so negativ zu benennen. Was zuvor als „unerträgliches Quengeln" galt, scheint eher ein dringender Ruf nach Beachtung zu sein. „Faulheit" wird im Licht der Absicht dahinter zu „Energiereserven auftanken", „herumzappeln" wird zu „lebendig sein". Was zunächst als einfache Umbenennung erscheint, kann weitreichende Folgen für die persönliche Bewertung haben. Das Bewußtsein, daß auch hinter einem scheinbar sehr negativen Verhalten eine positive Absicht stecken kann, läßt viele Klienten dieses Verhalten plötzlich in neuem Licht sehen. Das kann buchstäblich neue Wege beleuchten, die vorher noch unsichtbar schienen.

Dadurch, daß neue Möglichkeiten zur Verfügung stehen, die gute Absicht auf andere Weise sicherzustellen, wird das alte Verhalten nicht automatisch abgeschafft. Stellen Sie sich vor, Sie fahren jahrelang einen bestimmten Weg, um zu Ihrer Arbeitsstelle zu gelangen. Plötzlich entdecken Sie einen anderen Weg, auf dem Sie genauso oder sogar schneller ans Ziel kommen. Der alte Weg ist deshalb noch genauso vorhanden, und Sie könnten ihn auch jederzeit wieder befahren. Doch Sie entscheiden sich dafür, den neuen Weg zu nehmen, der Sie schneller an Ihr Ziel bringt. Diese Metapher läßt sich auf unser Verhalten übertragen. Wir alle treffen in jedem Moment die beste Wahl aus den vielen Möglichkeiten, die uns momentan zur Verfügung stehen. Welche Möglichkeiten das sind, die wir verfügbar haben, das hängt zum Beispiel auch davon ab, welche unserer Stärken, Fähigkeiten und Ressourcen für uns in diesem Moment zugänglich sind. Wenn wir nun die gute Absicht hinter einem störenden Verhalten finden und anerkennen, wirkt dies wie eine zusätzliche Ressource, wie ein Energiestoß, um damit neue Wege zu finden, diese Absicht sicherzustellen.

Entwicklung heißt also, neue Wahlmöglichkeiten zu schaffen, ohne dabei die alten Möglichkeiten abzuschaffen. Auch wenn der Klient neue Verhaltensalternativen findet, könnte er ja immer noch das alte Problem-Verhalten beibehalten. Es wird ihm nicht genommen, sondern statt dessen durch sinnvolle und angemessene Alternativen ergänzt.

2.4.3 Kreativität als Ressource

Bei der Suche nach neuen Wegen hat jeder Klient einen wichtigen Helfer: seine Kreativität. Um Zugang zu diesem kreativen Potential zu finden, genügt es oft schon, wenn der Klient sich an eine Erfahrung erinnert, in der er einmal so richtig voller Ideen war. Vielleicht war das im Zusammenhang mit der Arbeit, mit persönlichen Zielen, mit einem Urlaub oder als Kind – hier sind unzählige Fundgruben für kreative Erinnerungen.

Damit der Klient neue Lösungen für die gute Absicht finden kann, ist es zunächst einmal wichtig, das alte Verhalten nicht mehr negativ zu benennen (faul sein, quengeln, durchdrehen), sondern möglichst wertfrei. Wenn er einen positiven Namen für das Verhalten findet, um so besser. Doch mindestens **wertfrei** sollte die Bezeichnung auf jeden Fall sein (z.B. für sich sorgen, sich schützen, lebendig sein). Auf dieser Basis kann sein kreativer Helfer dann an die Arbeit gehen. Die kreativen Ideen können ruhig neuartig, unkonventionell oder ein bißchen verrückt sein. In dieser Phase geht es weniger um die Ausführbarkeit der Ideen, sondern nur darum, viele neue Wege zu finden. Welche Wege davon schließlich ausprobiert werden – dabei hat der Teil, der für das alte Verhalten zuständig ist, ein Wörtchen mitzureden. Und nicht nur er allein, denn die neuen Wege sollen ja zur gesamten Persönlichkeit des Klienten passen.

Oft entstehen Probleme dadurch, daß der für ein Problemverhalten verantwortliche Teil nur einfach nicht weiß, wie er seine positive Absicht auf angemessenere Art und Weise erreichen könnte. Vielleicht erzielt er auch auf seinem bisherigen Weg noch einen interessanten Nebeneffekt. Psychologen sprechen hier vom „sekundären Gewinn". Gerade diese Nebeneffekte sind weitgehend unbewußt und deshalb einer absichtlichen Kontrolle gar nicht zugänglich. Neue Alternativen finden wir nur über die ursprüngliche gute Absicht und indem wir den Nutzen des Nebeneffektes absichern.

2.4.4 Neue Lösungswege für die gute Absicht

Der Schlüssel zur Lösung des Problems liegt also darin, die bisherigen Lösungsversuche aller Persönlichkeitsanteile ehrlich zu schätzen und zu akzeptieren. Das ist die beste

Voraussetzung für eine konstruktive Zusammenarbeit mit diesen Teilen, um angemessene Lösungen zu finden. Diese neuen Lösungen werden geprüft und dann in der Realität umgesetzt. Falls sich herausstellt, daß der neue Weg doch nicht besser, interessanter, schneller oder schöner ans Ziel führt, bleibt immer noch die Möglichkeit, den alten Weg weiter zu benutzen! Auch das bedeutet Entwicklung: Wahlmöglichkeiten schaffen und dann selbst entscheiden, was wir wählen – im Einklang mit allen Aspekten unserer Persönlichkeit.

Die Praxisanwendung dieses Konzepts finden Sie im 3. Kapitel ab S. 65; eine Kurzübersicht im Anhang auf S. 150.

3. Das Persönlichkeits-Panorama: die Methode

Wie sieht das Persönlichkeits-Panorama in der Praxis aus? Der Klient sammelt verschiedene Mosaiksteine seiner Persönlichkeit und fügt sie zu einem in sich stimmigen Gesamtbild zusammen. Dieser Prozeß der Selbst-Reflexion wird durch äußere Hilfsmittel unterstützt: Schlüsselwörter werden auf farbigen Karten notiert. Die Karten werden dann sortiert und vom Klienten wie ein Mosaik zusammengefügt. Durch die Art und Weise, wie er die Karten im Raum anordnet, kann der Klient ein Abbild seiner inneren Erfahrung schaffen. Am Ende entsteht so ein buntes Panorama der Persönlichkeit, in dem sich individuelle Schwerpunkte, wichtige Themenbereiche, potentielle Probleme und zukünftige Entwicklungsmöglichkeiten ebenso erkennen lassen wie die persönlichen Stärken und Fähigkeiten, die der Klient gezielt nutzen lernen kann. Problematische Bereiche können im Panorama direkt bearbeitet werden und auf diese Weise als Entwicklungs-Chance genutzt werden.

Die Methode des Persönlichkeits-Panoramas lässt sich in vier wesentliche Phasen unterscheiden: Arbeitsrahmen schaffen, Information sammeln, Sortieren und Bearbeiten:

- ▶ Der **Rahmen** für die gemeinsame Arbeit ist wichtig, um dem Klienten eine Orientierung zu geben und auch die nötige Sicherheit, um sich auf den Prozeß einzulassen.
- ▶ In der **Informations-Sammlung** wird das „Rohmaterial" zusammengetragen, aus dem dann später das Panorama entsteht.
- ▶ Beim **Sortieren** entwickelt jeder Klient seine eigene und unverwechselbare Ordnung, mit der er das Rohmaterial zu einem stimmigen Mosaik zusammenfügt.
- ▶ Und in der Phase des **Bearbeitens** geht es schließlich darum, Konflikte und Problembereiche zu hinterfragen und sie auf ihren Sinn im Rahmen der persönlichen Weiterentwicklung hin zu prüfen.

Die vier Phasen in der Arbeit mit dem Persönlichkeits-Panorama werden nun im Einzelnen vorgestellt.

3.1 Arbeitsrahmen schaffen – Einführung für den Klienten

Der Berater schafft zuerst den allgemeinen Rahmen für die gemeinsame Arbeit am Persönlichkeits-Panorama. Der Klient soll dabei mit den Zielen und dem Ablauf vertraut gemacht werden, so daß er sich darauf einstellen kann. Ein klarer Arbeitsrahmen gibt dem Klienten Sicherheit und unterstützt ihn dabei, Themen und Inhalte ins Bewußtsein zu holen, die bisher eher im Hintergrund oder unbewußt geblieben sind. Zusätzlich erhöht der klare Rahmen die Transparenz im Beratungsprozeß: Der Klient kann den Prozeß auch rational mitverfolgen. Dadurch wird er sicherer und kann zunehmend mehr Selbstverantwortung übernehmen, was eines der obersten Ziele jeder Beratung ist.

Wie ein Arbeitsrahmen konkret gesetzt wird, hängt auch von der Vorerfahrung des Klienten ab. Ist der Klient bereits vertraut mit dem Vorgehen des Beraters und seiner Methode, wird ein anderer Rahmen angemessen sein als für einen Klienten, der zum ersten Mal in die Beratung kommt.

Eine Einführung in die Methode des Persönlichkeits-Panoramas für neue, noch „unerfahrene" Klienten könnte z.B. so lauten:

„Heute schlage ich Ihnen eine Methode vor, mit der Sie in kurzer Zeit viel über sich selbst erfahren können. In unserer gemeinsamen Arbeit geht es ja darum, daß Sie mit sich selbst vertrauter werden, sich besser kennenlernen und sich dadurch auch besser verstehen. Sie werden heute ein Mosaik entwickeln können, das Ihnen hilft, mehr über sich selbst zu erfahren. Wir werden gemeinsam verschiedene Aspekte Ihrer Persönlichkeit sammeln und Sie können diese dann zu einem Ganzen zusammenfügen. Mit dem Bild, das so entsteht, können Sie sich vielleicht auf eine andere Weise erleben – Sie können neue Zusammenhänge begreifen, wichtige Themen erkennen und Ihre Persönlichkeit – sich selbst – neu verstehen lernen.

Es gibt dabei gar nicht so viel zu tun. Sie fangen einfach an, mir von sich zu erzählen. Lassen Sie Ihren Gedanken freien Lauf, gehen Sie den Ideen nach, die Ihnen kommen. Ganz einfach so, wie es sich von selbst ergibt, denn sortieren werden wir alles später gemeinsam. Jetzt ist es hilfreich, wenn Sie sich einfach entspannen. Vielleicht erinnern Sie sich an eine Situation, in der Sie schon einmal so ganz gelassen und entspannt waren, als die Worte wie von selbst kamen, und dann können Sie mir von sich erzählen: Was ist für Sie wichtig? Was können Sie? Was sind Ihre Fähigkeiten – welche haben Sie schon – welche wollen Sie in Zukunft entwickeln? Was tun Sie, wie verhalten Sie sich? ..."

Diese und ähnliche Fragen kann der Berater immer wieder stellen, bis dann der Moment kommt, ab dem der Klient einfach erzählt und assoziiert – dann konzentriert sich der Berater auf Unterstützung des Gesprächsflusses und auf das Mitschreiben. Und damit sind wir schon mitten in der nächsten Phase der Informationssammlung.

Bei NLP-erfahrenen Klienten kann der Berater gleich zu Beginn die psychologischen Ebenen der Persönlichkeit einführen. Das kann, muss aber nicht von Vorteil sein, denn unter Umständen konzentriert sich der NLP-erfahrene Klient dann mehr auf die Zuordnung der Schlüsselworte zu den Ebenen als auf deren spezifische persönliche Bedeutung.

3.1.1 Zeitlichen Rahmen setzen

Alles hat Grenzen – auch eine Beratungsstunde. Es empfiehlt sich daher, die zeitliche Planung bereits im Vorfeld mit dem Klienten abzusprechen, denn in der Regel sind Doppelstunden für dieses Verfahren am sinnvollsten. In einer einfachen Stunde ist die Gefahr groß, daß gerade dann die Zeit zu Ende ist, wenn der Klient mitten im Sammeln oder Sortieren ist.

Als grobe Orientierung: Für die Phase der Info-Sammlung können Sie 30-50 Minuten einplanen, für das Sortieren und Bearbeiten ruhig noch einmal so viel. Bedeutet das einen Beratungsmarathon? Nein, denn oft bewährt sich auch eine Bearbeitung des Panoramas in „Portionen": In einer Doppelstunde wird gesammelt und sortiert, in der nächsten können dann einzelne Themen bearbeitet werden.

3.2 Information sammeln

Ziel dieser zweiten Phase ist es, das Material für das Persönlichkeits-Panorama zusammenzutragen. Der Berater stellt hier dem Klienten gezielte Fragen nach den verschiedenen Aspekten seiner Persönlichkeit, nach Selbstbild und Fremdbild. Der Berater fungiert dabei als „Protokollführer" und schreibt alle Schlüsselwörter auf Karten, während der Klient erzählt. In dieser Phase richtet der Klient seine Aufmerksamkeit nach innen auf seine Gefühle, Erfahrungen und Erlebnisse. So kann der Klient möglichst viele spezifische Aspekte seiner Persönlichkeit sammeln. Der Berater wird ihn dabei unterstützen, indem er einerseits Fragen stellt und andererseits die Antworten so auffängt, daß der Klient nicht das Gefühl bekommt, er rede gegen eine Wand bzw. an einen schweigenden Schriftführer hin. Hier bewährt sich natürlich das Aktive Zuhören aus der Gesprächspsychotherapie, bei dem der Berater die Inhalte des Klienten spiegelt, indem er in eigenen Worten umschreibt, was der Klient erzählt.

Welche Fragen sind sinnvoll? Zunächst gilt die goldene Regel der Gesprächsführung: *Offene Fragen öffnen Türen. Geschlossene Fragen schließen sie ab.*

Geschlossene Fragen sind die, die mit „Ja" oder „Nein" zu beantworten sind, offene Fragen sind alle anderen. Die typischen offenen Fragen beginnen mit einem „W-Wort": was, wer, wie, wozu, wann ...? Die Frage „Warum" ist auch eine offene Frage – sie führt allerdings oft tief in den Dschungel der Interpretationen und Vermutungen über Ursachen. Die Frage „Warum" reizt unser Bewusstsein zum Antworten. Da wir in dieser Phase den Klienten aber unterstützen wollen, mit seinen unbewußten Kompetenzen in Kontakt zu kommen, lassen wir die Frage „Warum" sicherheitshalber erst einmal außen vor.

Ziel des Beraters ist es, in dieser Informationssammlung Schlüsselwörter für die psycho-logischen Ebenen zu finden. Er wird mit seinen offenen Fragen deshalb alle Ebenen gezielt ansprechen.

Natürlich gibt es keine Garantie, daß der Klient auf jede dieser Fragen eine Antwort in der „richtigen" Ebene findet. Das ist auch gar nicht notwendig, denn jede Antwort ist eine Chance für den Berater, die komplexe Struktur der Persönlichkeit des Klienten besser zu verstehen – egal auf welcher Ebene. Wenn ein Klient eine Ebene systematisch zu vermeiden scheint, bringt es wenig, Antwort auf dieser Ebene mit Penetranz holen zu wollen. Vielmehr ist dieses Muster schon ein Indiz dafür, wo der nächste sinnvolle Schritt im gesamten therapeutischen Prozeß liegen wird – im allmählichen Erleben genau dieser Ebene mit allen Facetten. Doch das führt schon einen Schritt über das Format des Persönlichkeits-Panoramas hinaus zur gesamten Therapieplanung.

Hier einige Beispiele für Fragen auf verschiedenen Ebenen:

Verhalten	Was tust du?
	Wie verhältst du dich? (im Privatleben, im Beruf, in der Familie etc.)
	Was sehen andere an dir, wenn sie dir zuschauen?
	Wie würde dich ein Reporter beschreiben?
Fähigkeiten	Was kannst du gut?
	Welche Fähigkeiten setzt du ein?
	Wo/wie willst du dich weiterentwickeln?
	Was möchtest du noch lernen?
	Was hast du schon gelernt?
	Welche Fähigkeiten schätzen andere an dir?
	Was sind deine Stärken?
Werte **Motive** **Überzeugungen**	Was ist dir wichtig?
	Wofür setzt du dich ein?
	Was ist dir das wert?
	Was motiviert dich/treibt dich an/lässt dich weitergehen?
	Woran glaubst du? (nicht notwendigerweise religiös!)
	Was möchtest du anderen vermitteln?
	Stell dir vor, du schaust am Ende deines Lebens zurück – was war dir am wichtigsten?
	Was zählt für dich?
	Was möchtest du verwirklichen?
Identität	Wer bist du?
	Welches sind deine zentralen Rollen im Leben?
	Was gehört zu dir?
	Wie weißt du, was deine Individualität ausmacht?
	Wenn andere dich beschreiben – mit welchem Gleichnis würden sie das tun?
Evtl. Zugehörigkeit	Wo gehörst du dazu?
	Stell dir vor, du bist Teil eines größeren Ganzen – wie kannst du das beschreiben?
	Woran orientierst du dich?

In dieser Phase der Informationssammlung beschreibt der Klient ja zunächst seine persönliche Sichtweise: Wie erlebe ich mich selbst, was weiß ich über mich, was scheint mir wichtig? So kristallisiert sich sein Selbstbild heraus. Dies kann durch das Fremdbild ergänzt und bereichert werden: Der Klient benennt eine oder mehrere Personen, deren Urteil ihm wichtig ist. Dann versetzt er sich gedanklich in diese Person hinein (2. Wahrnehmungs-Position) und beschreibt aus deren Perspektive sich selbst von außen (1. Position). Das Fremdbild kann so das Selbstbild sinnvoll ergänzen und bereichern. Diese Ergänzung ist sicher nicht bei jedem Klienten notwendig. Sinnvoll kann sie dann sein, wenn der Klient größere Unterschiede zwischen Selbst- und Fremdbild wahrnimmt und für sich Klarheit gewinnen will. Ebenso kann es sinnvoll sein, das Fremdbild als zusätzliche Informationsquelle aufzunehmen, wenn es um Selbstwert- oder Autoritätsthemen geht. Allerdings kostet diese Ergänzung natürlich zusätzliche Zeit – etwa 20 Minuten pro Person sollten Sie einkalkulieren.

Nun geht es in die dritte Phase des Persönlichkeits-Panoramas, in der aus den einzelnen Steinchen ein Mosaik gebildet wird.

3.3 Sortieren: das persönliche Panorama entwickeln

3.3.1 Schlüsselworte den Ebenen zuordnen

Die Schlüsselworte, die der Berater in der Phase der Info-Sammlung notiert hat, werden in dieser Phase gemeinsam den entsprechenden Ebenen der Persönlichkeit zugeordnet. Für Klienten (und Berater), die mit der Methode noch nicht so vertraut sind, ist es in der Regel leichter, Schreiben und Sortieren zeitlich zu trennen. Zuerst wird gesammelt, danach zugeordnet. Mit zunehmender Übung gelingt es dann, die Zuordnung der Ebenen gleich in die Phase des Schreibens mit einzubeziehen und dadurch Zeit zu sparen: Der Berater kann die Schlüsselwörter gleich auf die entsprechenden farbigen Karten schreiben.

Beide Varianten haben ihre Vorteile – die erste trennt Info-Sammlung und Sortieren und ermöglicht dem Klienten ein bewußtes Erleben der verschiedenen Ebenen beim gemeinsamen Einordnen des Materials. Zusätzlich lernt der Klient, seine Beiträge zunehmend selbst einzuordnen. Dies unterstützt ihn beim selbstverantwortlichen Einsatz des Persönlichkeits-Panoramas. Die zweite Variante spart Zeit, die dann für die weitere Arbeit genutzt werden kann.

Manche Klienten tun sich schwer mit einer Situation, in der sie erzählen und ein anderer schreibt. In diesem Fall ist es natürlich auch möglich, den Klienten selbst zum „Protokollführer" zu ernennen. Hier ist es auf alle Fälle sinnvoll, daß er zunächst unsortiert mitschreibt und sich nur auf inhaltliche Aspekte konzentriert. Die Einordnung in die verschiedenen psycho-logischen Ebenen erfolgt dann gemeinsam mit dem Therapeuten in einem nächsten Schritt.

Bisher haben wir also einen mehr oder weniger großen Stapel an farbigen Karten, die mit Schlüsselwörtern beschriftet sind. Die Farben entsprechen den psycho-logischen Ebenen. Unklare oder zweideutige Stichworte wurden von Berater und Klient gemeinsam auf eine Ebene eingeordnet. Der Klient hat hier das letzte Wort, denn seine subjektive Realität steht im Mittelpunkt der Aufmerksamkeit! Falls dem Berater Schlußfolgerungen oder Fragen einfallen, hebt er sich diese am besten auf, bis es an die Phase des inhaltlichen Bearbeitens geht. Es bringt nicht viel, beim Sortieren schon inhaltliche Fragen zu stellen.

3.3.2 Räumliches Sortieren

Nun geht es darum, aus diesen isolierten Karten das individuelle Panorama der Persönlichkeit entstehen zu lassen. Dies geschieht natürlich nicht durch den Berater, denn jetzt ist der Klient am Zug: Er bekommt die Karten in die Hand mit der Bitte, sie sinnvoll zu sortieren. Es empfiehlt sich, diese Anweisung bewußt so unspezifisch zu halten („sinnvoll sortieren" – sinnvoll für wen? – wie sortieren?), um dem Klienten möglichst viel Freiraum für eigene Bilder, Zusammenhänge und Empfindungen zu lassen.

Methodisch kann des Sortieren entweder auf dem Boden erfolgen oder auf einem Tisch. Der sollte allerdings sehr groß sein, denn Sie brauchen viel Platz dafür! Eine Alternative sind sogenannte Meta-Plan-Wände, übergroße Pinnwände, auf die die Karten gesteckt werden können.

Das Sortieren am Boden hat mehrere Vorteile: Man hat viel Platz, kann die Karten beliebig hin- und herschieben und kann das Ganze mit wenig Aufwand neu gruppieren. Auf einem Tisch wird man irgendwann unweigerlich an die räumlichen Grenzen stoßen und so eine Begrenzung erfahren, die von der Umwelt und nicht vom Klienten selbst kommt.

Zur Pinnwand-Methode rate ich Ihnen nur im Notfall – das Feststecken der Karten ist nicht jedermanns Sache und Umgruppieren erfordert beträchtlichen Aufwand.

Ich habe gute Erfahrungen damit gemacht, den Klienten die Sortier-Methode wählen zu lassen. Die meisten entscheiden sich für den Boden – vielleicht hängt das damit zusammen, daß dies den nötigen Überblick bietet und man leicht auf Abstand gehen kann. Andererseits lässt es sich auf dem Boden auch gut laufen und sitzen, so daß man die räumlichen Zusammenhänge unmittelbar erleben kann. Der visuelle (Sehen) und der kinästhetische (Spüren) Kanal sind also befriedigt – und für den auditiven (Hören) wird ja über die Karten geredet.

3.3.3 Inhaltliches Sortieren

Der Klient beginnt also, seine Karten individuell zu sortieren. In dieser Phase ist es sinnvoll, wenn der Berater darauf achtet, daß der Klient nicht ins Grübeln verfällt, wo genau denn diese eine Karte wohl hinpassen könnte. Der Klient sollte entspannt und konzentriert arbeiten Dabei kann ihn der Berater unterstützen, indem er ihm bei Bedarf einige hilfreiche Hinweise gibt:

Das Persönlichkeits-Panorama: die Methode • 57

- ➤ Spontan die Karten hinlegen – umsortieren kann man immer noch.
- ➤ Sich leiten lassen von inneren Bildern, Empfindungen, Zusammenhängen.
- ➤ Wenn eine Karte „fremd" erscheint: erst einmal weglegen/zurückstellen. Später kann dann im Gesamt-Zusammenhang geklärt werden, ob/wie sie dazugehört.
- ➤ Ebenso verfahren bei unklaren oder mehrdeutigen Karten (sie spiegeln evtl. die Perspektive des Beraters wider, der mitgeschrieben hat).
- ➤ Wenn alle Karten liegen: Auf Abstand gehen und aus der neuen Perspektive prüfen, ob noch etwas verändert oder ergänzt gehört.
- ➤ Fehlt noch eine Karte (oder mehrere?), dann kann der Klient sie jetzt schreiben.
- ➤ Keine Diskussionen! Später (nach dem Sortieren) kann alles besprochen werden – beim Sortieren selbst hält sich der Berater möglichst im Hintergrund.

Der Klient findet so sein eigenes und unverwechselbares Persönlichkeits-Panorama. Häufig sind hierarchische oder Baum-Strukturen das Ergebnis: Eine oder mehrere Rollen als Bausteine der Identität werden gestützt von den persönlichen Werten, Motiven und Überzeugungen. Darunter fächern sich die Fähigkeiten auf und verzweigen sich wiederum in konkrete Verhaltensweisen.

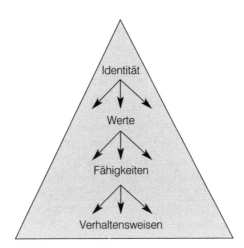

Oder es entstehen verzweigte Strukturen, die an Mind Maps erinnern und zentral geordnet sind:

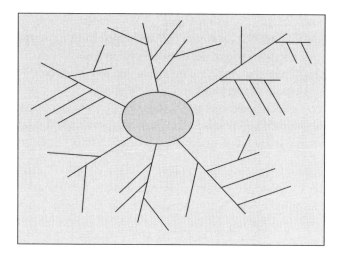

Die Symmetrie des Gesamtbildes ist ein wichtiges Kriterium für die Bewertung des Panoramas. Offensichtliche Einseitigkeit im Panorama oder Leerräume sind oft bereits inhaltliche Hinweise darauf, welche Entwicklungsaufgaben für den Klienten als Nächstes anstehen. Auch besonders volle Bereiche – manche können direkt überfüllt wirken – geben wichtige Hinweise auf die subjektive Gewichtung bestimmter Themenkomplexe.

Wie immer in der Beratung ist es sinnvoll, sich vom Klienten die subjektive Stimmigkeit und Logik des Gesamtbildes erklären zu lassen, statt als Berater in eigene Spekulationen und Interpretationen abzudriften. Auch hier bewähren sich wieder offene Fragen – diesmal übrigens gerne mit „warum", denn die subjektiven Interpretationen interessieren uns ja jetzt gerade:

➤ „Wie gehört das zusammen?"
➤ „Wozu gehört diese Karte?"
➤ „Warum liegen diese Karten neben-/untereinander?"

Im Panorama kann man entsprechend den Ebenen der Persönlichkeit unterschiedliche hierarchische Ebenen wiederfinden. Es gibt sozusagen einen Über-/Unter- und Mittelbau und darin wieder jeweils verschiedene Stränge oder Cluster. Es ist lohnend, diese Bereiche auf ihre Vollständigkeit hin zu prüfen:

a) „Überbau"

Wie sieht es um die **Identität** und die darüberliegende Ebene der Zugehörigkeit aus?

Welche **Rolle(n)** sind wichtig? Gibt es eine zentrale Rolle oder eine Kombination aus verschiedenen? Wenn es verschiedene Rollen sind – wie ergänzen oder beeinträchtigen sie sich gegenseitig? Der Klient kann herausfinden, wie er dabei sein Verhalten und seine Erfahrungen und Fähigkeiten nutzen kann.

Welche **Vision** steht darüber? Das Bewußtsein der eigenen Vision kann Zielen zusätzliche Kraft geben, denn sie werden dann als Schritte auf dem Weg zur größeren Vision begreifbar. So lernt der Klient, sich selbst in einem größeren Zusammenhang zu begreifen. Er kann sich gezielte Unterstützung suchen, um die eigene Rolle durch die Zugehörigkeit in einer Gruppe/Gemeinschaft auszugestalten.

b) „Unterbau"

Wie können die zentralen Rollen und Werte des Klienten durch **Fähigkeiten/Verhalten/Umwelt** gestützt werden? Wenn eine Rolle mit Leben erfüllt sein soll, braucht sie eine tragende Basis, die sich aus Wollen, Können und Tun zusammensetzt. *Wollen* spricht die Wert-Ebene an: Was ist mir wichtig und warum? *Können* betrifft die Ebene der Fähigkeiten und Strategien, und das *Tun* ist schließlich das Verhalten mit konkreter Wirkung in der Umwelt. Ebenso wie eine Rolle braucht jeder Wert einen entsprechenden „Unterbau", um überzeugend und kongruent gelebt zu werden.

c) „Mittelbau"

Wie kann der Klient sein eigenes Verhalten (und die Anforderungen aus seinen spezifischen Rollen) mit seinen persönlichen Zielen verbinden? Welche Fähigkeiten und **Werte** (Motivation) wirken hier als Vermittler zwischen Wollen und Tun? An dieser Stelle kann der Klient gezielt die Fähigkeiten ergänzen, die er besonders entwickeln möchte. Daraus lassen sich Beratungsziele ableiten.

3.4 Inhaltliches Bearbeiten

Bevor die inhaltliche Arbeit im Einzelnen beschrieben wird, zunächst eine Zusammenfassung der Methode des Persönlichkeits-Panoramas:

Persönlichkeits-Panorama – Zusammenfassung der Methode

0. Rahmen setzen
➤ Einführung für den Klienten
➤ Ziel der Methode
➤ Zeitrahmen

1. Phase: Information sammeln
➤ Strukturiertes Interview: offene Fragen für die Ebenen der Persönlichkeit
➤ Identifizieren der Schlüsselwörter
➤ Zuordnen zu den Ebenen
➤ Schreiben der Karten

2. Phase: Panorama bilden
➤ Klient sortiert Karten nach subjektiv sinnvoller Ordnung
➤ Markieren der negativ bewerteten Karten
➤ Lücken bzw. Schwerpunkte identifizieren

3. Phase: Inhaltliches Bearbeiten
➤ Dissoziation sichern (Anker)
➤ Bearbeiten der negativen Karten (Reframing: Lernchance?)

4. Phase: Ergebnis formulieren
➤ für den Klienten: Lernerfahrung, Erkenntnisgewinn
➤ für den Berater: Beratungsplanung
➤ eventuell gemeinsam: Ziele der Beratung entwickeln

Die Grundstruktur des Persönlichkeits-Panoramas ist Ihnen nun vertraut. Damit das Modell in der praktischen Arbeit effektiv eingesetzt werden kann, ist es notwendig, diese generelle Struktur zu ergänzen und die **konkrete Ausgestaltung der inhaltlichen Bearbeitung** zu beschreiben.

Das Persönlichkeits-Panorama: die Methode • 61

Bisher sind wir stillschweigend von einer Voraussetzung ausgegangen: Die Fragen des Beraters waren positiv formuliert, also werden es die Antworten des Klienten ebenfalls sein. Bereits der Volksmund weiß aber, daß alles von zwei Seiten betrachtet werden kann – ob das Glas halb voll oder halb leer ist, entscheidet allein der Betrachter, die Füllhöhe des Glases ist in beiden Fällen dieselbe.

Natürlich kommt es in der Praxis immer wieder vor, daß Klienten auch negativ belegte Schlüsselwörter anbieten und in ihr Panorama einbauen. Diese negativen Karten einfach zu ignorieren wäre fatal, denn gerade hier liegen ja oft die wichtigsten Lernchancen. Eines der Fallbeispiele (das von Christian) wird diese Thematik besonders beschreiben.

In der Praxis bewährt sich folgende Methode: Wenn der Klient sein Panorama gelegt hat, markiert er alle für ihn negativen Karten auf eine bestimmte Weise. Diese Karten bekommen dadurch einen besonderen Stellenwert, denn mit ihnen wird weitergearbeitet.

Dabei stehen verschiedene Methoden des NLP zur Verfügung. Sie werden nun im Zusammenhang vorgestellt*. **Dissoziation** und **Reframing** sind zentrale Methoden, die in der Regel in jeder Panorama-Arbeit eingesetzt werden. Zusätzlich werden Sie Möglichkeiten kennenlernen, um mit **Werte-Konflikten** zu arbeiten und die **Unterstützung innerer Mentoren** zu nutzen.

3.4.1 Inneren Abstand gewinnen: Dissoziation

Erinnern Sie sich noch an die alte Lenor-Werbung aus den 70er Jahren? In diesen Werbespots stand eine Frau sinnend vor ihrer Waschmaschine, trat dann plötzlich „neben sich" und begann einen Dialog mit sich selbst. Dissoziation bedeutet im NLP „inneren Abstand gewinnen" – als würde man neben bzw. hinter sich treten und mit diesem Abstand beobachten, was das „Ich" denn da gerade tut.

Auch im Persönlichkeits-Panorama wird dieser innere Abstand bewußt genutzt, um aus einer anderen Perspektive mit dem Material zu arbeiten. Der Klient geht in die Rolle eines interessierten Beobachters und beschreibt von außen, wie das Persönlichkeits-Panorama auf ihn wirkt. Er kann als außenstehender Betrachter Lücken im Bild erkennen, Widersprüche identifizieren und „den roten Faden" finden, der das Mosaik zu einem subjektiv sinnvollen Ganzen werden läßt.

---

* Im Anhang finden Sie die Zusammenfassungen dieser Methoden.

Als Berater können Sie Ihren Klienten einfach und wirkungsvoll dabei unterstützen, in eine stabile Beobachter-Position mit dem nötigen inneren Abstand zu gehen, indem Sie mit ihm einen Dissoziations-Anker erarbeiten. Ein Anker ist vergleichbar mit einem Knoten im Taschentuch – nur auf emotionaler Ebene – der dem Klienten hilft, sich schnell und einfach in eine bestimmte Haltung hineinzuversetzen.

Ein Anker ist ein bestimmter Schlüsselreiz, der bei einer Person eine individuelle, ganz bestimmte Reaktion auslöst. Psychologen bezeichnen diese Reiz-Reaktions-Verknüpfung als Habit (Gewohnheit). Diese Anker sind etwas völlig Natürliches. Jeder Mensch ist ständig von Ankern umgeben und reagiert auf sie. Genauso setzen wir immer wieder neue Anker, auf die andere Menschen dann ihrerseits reagieren. In der Beratung können einzelne Anker gezielt aufgebaut werden, um sie dann in verschiedenen Situationen zu nutzen. Ein solcher Anker ist der Dissoziations-Anker, der es dem Klienten erlaubt, schnell und effektiv inneren Abstand zu bekommen. Damit geht er aus seiner üblichen Wahrnehmung der Welt heraus auf einen Beobachterplatz*, der es ihm erlaubt, die Gesamtheit der Situation und sich selbst mit dem nötigen Abstand zu betrachten.

Diese Übung bzw. der Anker daraus kann Ihrem Klienten auch im Alltag bei vielen Gelegenheiten sehr hilfreich sein, wenn er sich abgespannt, gelangweilt oder gereizt fühlt und gerne innerlich zu Ruhe und Abstand kommen möchte.

Der Prozeß des Verankerns selbst ist sehr einfach und wirkungsvoll. Hier finden Sie die wesentlichen Schritte beschrieben – zunächst die wichtigen Punkte im Überblick und danach die konkrete Anleitung. Diese ist wiederum aus der Sicht eines Beraters formuliert, der seinen Klienten durch den Prozeß begleitet.

Ankern

1. Eindeutigkeit des Gefühls, das geankert werden soll

Entscheidend für die Wirksamkeit eines Ankers ist, daß der Klient das Gefühl, das er ankern möchte, ganz deutlich erlebt. Er versetzt sich also ganz hinein in diese Beobachter-Haltung, die er verankern möchte, indem er sich an eine konkrete Situation erinnert, in der er genau diese Haltung schon einmal eingenommen hat. Dann erlebt der Klient die Situation noch einmal nach, so als würde sie jetzt eben geschehen. Er sieht alles wie durch seine eigenen Augen, hört mit seinen eigenen Ohren und spürt jetzt wie-

---

* Er versetzt sich also von der ersten in die dritte Wahrnehmungsposition – vgl. Kapitel Grundlagen/Wahrnehmungspositionen.

der diese ganz besonderen Gefühle des inneren Abstands und des neutralen Interesses, die er in dieser Situation erlebt hatte.

2. Zeitpunkt des Ankerns

Wenn das Gefühl, als neutraler Beobachter „draußen" zu stehen, ganz intensiv ist, dann wird der Anker gesetzt – zum Beispiel, indem der Klient eine bestimmte Haltung einnimmt, eine spezifische Bewegung ausführt oder sich ein spezielles Bild vor seinem inneren Auge entstehen lässt.

Wichtig ist, daß der Anker dann gesetzt wird, wenn das Gefühl ganz deutlich und sozusagen am Höhepunkt ist. Um diesen Zeitpunkt zu erkennen, können Sie entweder genau beobachten, wie sich Körperhaltung und Gesichtsausdruck des Klienten verändern, oder sie lassen sich von ihm ein Zeichen geben, wenn er das Gefühl ganz deutlich spürt. Dafür genügt z.B. ein kleines Nicken.

3. Wahl des Ankers

Dissoziation ist gleichbedeutend mit innerem Abstand. Daher ist es für viele Klienten sinnvoll, diese Haltung mit einem sogenannten Raumanker zu verbinden. Das bedeutet, der Klient sucht sich einen konkreten Platz im Raum, an dem er inneren Abstand erlebt und sich in einer neutralen Beobachterrolle wohlfühlt. Nachdem dieser Ort gefunden ist, wird er markiert (mit einem Gegenstand, Kärtchen o.ä.). Nun erarbeitet der Klient sich seine innere Beobachtungshaltung: Wie steht bzw. sitzt er, wie ist seine Körperhaltung, wie die Spannung im Körper, aus welcher Perspektive betrachtet er seine Umgebung? Sinnvoll ist es auch, wenn er einen individuellen Namen für diese Qualität findet: neutraler Beobachter, Vogelperspektive, Überblick etc.

Ein Anker sollte **einfach** zu wiederholen sein, und dennoch in gewisser Weise **einzigartig**:

> - **Einfach** soll er deshalb sein, damit der Klient ihn (unauffällig) benutzen kann, wenn er ihn braucht.
> - **Einzigartig** soll ein Anker sein, weil er so am dauerhaftesten bestehen bleibt. Denken Sie z.B. an eine gute Schneiderschere: Wenn sie diese öfter verwenden, um Papier oder Pappe zu schneiden, wird sie Ihnen für den eigentlichen Zweck nur noch schlechte Dienste leisten – sie ist stumpf geworden. Im übertragenen Sinne gilt das auch für Anker. Wenn ganz ähnliche Anker für verschiedene Gefühle etabliert werden, vermischen sich diese zu einem „Gefühlsnebel".

4. Auslösen des Ankers

Wichtig ist, daß der Klient den Anker immer wieder **genauso** auslöst, wie er ihn etabliert hat. Wenn er beispielsweise eine bestimmte Körperhaltung eingenommen hatte, bei der er das Kinn in eine Hand stützt, den Kopf schräg hält und das Körpergewicht auf den rechten Fuß verlagert, dann ist für die Wirkung des Ankers entscheidend, daß er **genau** diese Haltung wieder einnimmt. So wirkt der Anker am effektivsten.

Im folgenden Abschnitt eine exemplarische Anleitung, wie Sie Ihren Klienten beim Aufbau eines Dissoziations-Ankers unterstützen können.

Aufbau eines Dissoziations-Ankers

1. „Nehmen Sie sich jetzt einen Moment Zeit, um zur Ruhe zu kommen und entspannen Sie sich. Atmen Sie einige Male tief aus. Konzentrieren Sie sich darauf, wie Sie sich in Ihrem Körper fühlen – wo nehmen Sie Spannung wahr, wo Entspannung? Spüren Sie, wie Sie stehen oder sitzen. Schauen Sie sich um – was sehen Sie? Was gibt es zu hören? Wenn Sie all das wahrgenommen haben ...

2. ... treten Sie nun innerlich einen Schritt zurück oder zur Seite und betrachten Sie sich selbst von außen. Versetzen Sie sich in die Rolle eines interessierten und aufmerksamen Beobachters. Was sehen Sie? Wie steht er/sie *(Name des Klienten)* da, wie ist seine/ihre Körperhaltung? Beschreiben Sie ihn/sie ganz genau von außen: Was sehen Sie? Was hören Sie, wenn Sie ihn/sie reden hören? Wie klingt die Stimme?

Überprüfen Sie den Abstand, den Sie zu ihm/ihr haben? Was ändert sich, wenn Sie ein Stück weiter weg gehen? Finden Sie den Abstand, der gerade richtig ist.

3. Nun geht es darum, für diesen Beobachter-Zustand einen guten Anker zu finden, einen, der Sie schnell und leicht daran erinnert, wie es ist, als interessierter Beobachter ihn/sie zu betrachten. Welcher Anker paßt für Sie? Finden Sie IHREN Anker und verbinden Sie ihn mit dieser interessierten, aufmerksamen Beobachter-Haltung. (Beispiele: eine bestimmte Art, die Hände zu verschränken, die Schultern zu lockern, den Kopf aufzurichten – oder ein tiefer Atemzug oder ein inneres Bild, ein Symbol, ein Wort ...)

Wenn Sie sich ganz klar in der Beobachterrolle wahrnehmen, dann setzen Sie Ihren persönlichen Anker."

Nach einer kurzen Pause können Sie den Anker testen: Der Klient soll dazu den Anker auslösen und prüfen, wie leicht er innerlich wieder in die Haltung eines interessierten

Beobachters gehen kann. (Falls das Ergebnis noch nicht zufriedenstellend ist, können Sie den Anker-Prozeß noch einmal wiederholen und sozusagen „aufdoppeln".)

Damit hat sich der Klient einen persönlichen Anker für die Beobachterrolle geschaffen. Er kann den Effekt eines Ankers natürlich auch verstärken, indem er eine weitere (ähnliche!) Ressource auf die gleiche Weise verankert. So werden gewissermaßen mehrere Anker übereinander gesetzt bzw. gestapelt. Das geht am besten, wenn die Gefühle möglichst ähnlich sind, also ähnliche Ressourcen beteiligt sind. Aktive Durchsetzungsfähigkeit und völlige Entspannung sind möglicherweise keine ganz ideale Kombination – innerer Abstand, Klarheit und Gelassenheit ergänzen sich dagegen gut.

3.4.2 Probleme als Lernchance: Reframing

Im Grundlagenkapitel wurde das Prinzip des Umdeutens (Reframing) bereits ausführlich vorgestellt. An dieser Stelle geht es nun um die konkrete Anwendung des Reframing-Prinzips im Persönlichkeits-Panorama. Beim inhaltlichen Bearbeiten negativ bewerteter Inhalte ist dieses Vorgehen sehr hilfreich.

Reframing wird im Persönlichkeits-Panorama eingesetzt, wenn der Klient einzelne Karten innerhalb des Panoramas negativ bewertet. Gerade diese Karten bieten häufig große Entwicklungsmöglichkeiten. Werden sie einfach so negativ belassen, wie der Klient sie bei der Informationssammlung geschrieben hat, dann wird eine wichtige Chance nicht genutzt. Es ist also durchaus sinnvoll, sich diese negativ bewerteten Karten genauer anzuschauen.

Der erste Schritt zur Bearbeitung negativer Karten ist der Aufbau des nötigen inneren Abstands. Mit der Methode der Dissoziation, die ja bereits beschrieben wurde, unterstützt der Berater seinen Klienten dabei, innerlich in eine Beobachterposition zu gehen. Aus dieser Perspektive soll er nun das gesamte Panorama betrachten und dabei den positiven Kern der gekennzeichneten Karten finden. Es geht also sozusagen um die gute Absicht, die hinter diesem Schlüsselwort steht. Welche Entwicklungsmöglichkeit verbirgt sich hinter der negativen Bewertung?

Der Berater kann den Klienten bei diesem Reframing durch Fragen unterstützen:

- ➤ Wofür ist es wichtig, daß diese Karte genau hier ihren Platz bekommen hat?
- ➤ Für welche Entwicklungsmöglichkeit steht sie?
- ➤ Welche positive Absicht gehört zu ihr?
- ➤ Wie paßt dieses Thema in den größeren Zusammenhang?
- ➤ Was ist die Lernchance?

Indem er sich mit diesen Fragen beschäftigt und Antworten findet, entwickelt sich der Klient zum „Fachmann für sich selbst". Dieses Selbst-Coaching gelingt vielen Klienten am besten, wenn sie sich sozusagen von außen betrachten – wie die Lenor-Frau – und mit diesem Abstand und Überblick die Thematik der Karte im größeren Zusammenhang ihrer eigenen Gesamtpersönlichkeit betrachten (wohlgemerkt: von außen, mit den Augen eines interessierten Beobachters – „dissoziiert").

Dieses Umdenken klingt schwieriger, als es in der Praxis tatsächlich ist. Für die meisten Klienten ist es unmittelbar einleuchtend, daß sie die Wahl haben, ein Thema entweder als Problem oder aber als Chance zum persönlichen Wachstum zu begreifen. Beispiele oder Metaphern können diese Grundhaltung unterstützen. Das einfachste Beispiel dafür wäre wohl – ich wiederhole mich – das berühmte halbvolle bzw. halbleere Glas, dessen Inhalt in beiden Fällen derselbe ist und der vom Betrachter aber unterschiedlich bewertet wird.

So nimmt sich der Klient also eine Negativ-Karte nach der anderen vor und erarbeitet seine persönliche Transformation dafür. Es ist übrigens ganz entscheidend, daß die Negativ-Karte im Panorama bleibt. Sie soll nicht entfernt werden, denn sie bildet ja den Boden für die daraus entstandene Lernchance. Manche Klienten legen die neue Karte direkt über die alte, so daß sie verdeckt ist, andere lassen ein kleines Stück der alten Karte hervorschauen. Diese Entscheidung trifft der Klient und zwar in der Regel unbewußt.

Wenn die negativen Karten so auf neue Weise betrachtet werden, verändert sich häufig auch das Gesamtbild. Schwerpunkte verlagern sich und werden neu gewichtet. Viele Klienten verschieben dann einzelne Karten oder sortieren bestimmte Bereiche völlig neu. Aus dieser inhaltlichen Entwicklung folgt also oft eine gründliche Umstrukturierung des Panoramas.

Einige Beispiele für diese Veränderungen finden sie im Fallbeispiel von Hans. In seinem Fall veränderte sich sowohl die Struktur des Panoramas als auch das Verständnis der eigenen Rollen – mit beträchtlichen Auswirkungen für seine weitere Entwicklung.

Das klassische Six-Step-Reframing

Zum Abschluß dieses Kapitels hier eine Übersicht über das konkrete Vorgehen im klassischen Reframing. Es hat den Namen Six-Step-Reframing, da es aus sechs wesentlichen Schritten aufgebaut ist. Diese ausführliche Form ist in der Arbeit mit dem Persönlichkeits-Panorama längst nicht immer notwendig, denn oft genügen kürzere Formen oder spontane Reframing-Angebote an den Klienten, die oben bereits dargestellt wurden. Doch das Verständnis für das ausführliche Vorgehen im klassischen Reframing kann die praktische Arbeit auch mit den kürzeren Formen wesentlich erleichtern, deshalb wird es hier vorgestellt. Wenn Sie bereits Erfahrung mit NLP haben, werden Sie hier Bekanntes wiederentdecken; wenn Sie NLP gerade kennenlernen, können Sie das tun, indem Sie sich auf die wesentlichen Inhalte konzentrieren.

Die Anweisungen an den Klienten sind aus Sicht des Beraters formuliert, der seinen Klienten durch den Prozeß führt.

Einführung

„Nehmen Sie sich Zeit, entspannen Sie sich und erlauben Sie sich, innerlich zur Ruhe zu kommen. Denken Sie an diese bestimmte Verhaltensweise, die Sie stört und mit der Sie sich beschäftigen wollen. Ein Teil Ihrer Persönlichkeit bezweckt mit diesem Verhalten irgend etwas Positives für Sie. Vielleicht kennen Sie diesen Persönlichkeitsanteil noch nicht, oder vielleicht haben Sie auch schon eine Ahnung davon, wer er denn ist. Mit diesem Teil können Sie jetzt einmal Bekanntschaft schließen und mehr über ihn und seine Absichten erfahren. Vielleicht ist es ähnlich, als ob Sie sich mit jemanden unterhalten, mit dem Sie noch nie zuvor gesprochen haben – oder mit jemanden, den Sie früher einmal kannten.

1. Schritt: Fragen Sie den Teil X, ob er bereit ist, mit Ihnen zu sprechen

Nennen wir den Teil in Ihnen, der für das Problem-Verhalten verantwortlich ist, einfach einmal „Teil X". Sprechen Sie nun diesen Teil direkt an. Wichtig ist, daß Sie direkt und ganz konkret mit ihm reden – es kann sein, daß er Andeutungen und indirekte Ausdrucksweisen schlecht versteht. Sagen Sie zum Beispiel: „Hallo Teil X, ich möchte gern mit dir sprechen. Bist du einverstanden und bereit, mit mir Kontakt aufzunehmen?" Denken Sie daran, daß unbewußte Teile die Sprache manchmal sehr wörtlich nehmen. Wenn Sie hier nur sagen, daß Sie mit ihm reden wollen, wird er vielleicht keine Veranlassung sehen, darauf zu antworten. Das Unbewußte läßt sich nicht gerne auf nur eine Reaktionsform festlegen.

Seien Sie offen für die Art und Weise, wie der Teil antworten wird. Es ist recht unwahrscheinlich, daß er eine wohlgesetzte Rede halten wird wie „Guten Tag, hier bin ich – was kann ich für dich tun?" Die Antwort kann aus Bildern, Gedanken oder Gefühlen bestehen. Achten Sie auf Ihre innere Wahrnehmung; viele Zeichen sind möglich. Oft sind recht ungewohnte Reaktionen die Antwort: eine Farbempfindung, ein undeutliches Bild, ein Summen im Ohr, ein Ziehen im großen Zeh, ein leichtes Flattern der Augenlider …

Wenn Sie sich noch nicht sicher sind, ob es wirklich der Teil X war, der sich da gemeldet hat, können Sie ihn ruhig bitten, sein Zeichen zu wiederholen. Wenn er Ihnen schon einmal geantwortet hat, wird er das in aller Regel gerne wieder tun – wenn Sie höflich und respektvoll mit ihm umgehen. Akzeptieren Sie seine Sprache; er hat ja auch Ihre Anrede akzeptiert, obwohl sie vielleicht auch nicht gerade die gewöhnliche Kommunikationsform für ihn ist.

Vielleicht wollen Sie sich jetzt erst einmal bei ihm bedanken für seine Bereitschaft, mit Ihnen Verbindung aufzunehmen. Nach allem, was Sie ihm vielleicht bisher unterstellt oder gar gegen ihn unternommen haben, ist es ja gar nicht so selbstverständlich, daß er sich zum Gespräch bereit zeigt.

Merken Sie sich die Art und Weise, wie sich Ihr Gesprächspartner gemeldet hat. Er wird sie vermutlich noch öfter benutzen, um Ihnen seine Zustimmung zu signalisieren.

2. Schritt: Fragen Sie den Teil X nach seiner guten Absicht, die er mit dem Verhalten X erreichen will

Erklären Sie ihm, daß Sie davon ausgehen, daß er Gutes für Sie will und daß Sie das anerkennen und respektieren. Er ist ja schließlich ein Teil von Ihnen. Nur ist Ihnen bis jetzt noch nicht so recht klar, was denn seine positive Absicht eigentlich ist. Fragen Sie ihn danach und achten Sie wieder auf Ihre innere Wahrnehmung. Die Antwort kann ähnlich wie zuvor, aber auch ganz anders ausfallen: Bilder, Töne, Sätze, Geräuschempfindungen, Gefühle oder ein neuer Geruch oder Geschmack sind möglich.

Vielleicht haben Sie auch den Eindruck, keine klare, eindeutige Antwort zu bekommen – obwohl Sie mit dem Teil X in Kontakt sind. Das ist immer dann der Fall, wenn der Teil glaubt, daß der Inhalt seiner guten Absicht im Unterbewußtsein besser aufgehoben ist. Das Bewußtsein muß ja nicht alles wissen. Fragen Sie dann den Teil X nur, ob er eine gute Absicht hat und sich darüber im Klaren ist. (*Anmerkung:* Wenn Sie hier wieder ein „Ja" bekommen wie in Schritt 1, reicht das völlig aus. Sie können dann gleich zu Schritt 3 weitergehen.)

Wenn Ihnen die positive Absicht bewußt wurde, können sich Vorahnungen bestätigt haben. Vielleicht sind Sie auch völlig überrascht von dem, was dieser Teil da für Sie tut. In jedem Fall können Sie den Teil X nun bei seinem „richtigen" Namen nennen: zum Beispiel Beschützer oder aktiver Teil oder Erholungsteil ... je nachdem, was seine gute Absicht ist. (Anmerkung: Wir bleiben in den nächsten Schritten der Einfachheit halber bei „Teil X"; benutzen Sie aber ruhig den neuen, positiven Namen.)

Erklären Sie dem Teil X, daß Sie mit der Art, wie er seine gute Absicht umsetzt, Schwierigkeiten haben. Bitten Sie ihn, Sie beim Suchen zusätzlicher Wege zu unterstützen.

3. Schritt: Lassen Sie Ihren kreativen Teil neue Wege finden

Bei der Suche nach neuen Lösungen haben Sie einen sehr guten Helfer: den kreativen, einfallsreichen, erfinderischen Teil in Ihnen. Ihn braucht man meist nicht lange um Mithilfe zu bitten, weil ihm das sowieso viel Spaß macht. Es genügt schon, wenn Sie sich an eine Gelegenheit erinnern, als Sie einmal voller Ideen waren, kreativ und mit Lust und Laune an der Sache. Da hat Ihnen auch Ihr kreativer Teil geholfen, und so können Sie mit ihm in Kontakt treten.

Übrigens – es kann gut sein, daß sich auch Ihr Körpergefühl, Ihre Haltung oder Atmung verändern, während Sie an Ihren kreativen Teil denken. Das ist ein weiteres Zeichen dafür, daß Sie mit ihm schon in Verbindung stehen.

Bitten Sie nun den kreativen Teil, sich mit dem Teil X zusammenzutun. Er soll mindestens drei neue Möglichkeiten finden, wie die gute Absicht von X auf andere Art und Weise erreicht werden kann – ohne das Verhalten X. Diese neuen Wege sollen genauso wirksam und hilfreich sein wie X und genauso leicht anzuwenden. Außerdem sollen sie für alle Beteiligten sinnvoll und angemessen sein. Das liest sich vielleicht schwierig, ist aber für den kreativen Teil eine ganz leichte Sache, denn seine Spezialität ist es, viele neue Ideen zu haben.

Wenn Ihnen die neuen Wege nicht im Bewußtsein zugänglich sind, bitten Sie die beiden wieder um ein Zeichen für jede Lösung. Oft ist es übrigens das „Ja", das Sie von Teil X schon kennen, vielleicht läßt sich Ihr kreativer Teil aber auch etwas ganz anderes einfallen, um Sie zu informieren.

Am Ende können Sie sich bei Ihrem kreativen Teil bedanken.

4. Schritt: Fragen Sie Teil X, ob er mit den neuen Vorschlägen einverstanden ist

Sagen Sie Teil X auf jeden Fall, daß er seine alte Lösung X beibehalten und immer darauf zurückgreifen kann, wenn er es für nötig hält. Fragen Sie ihn dann, ob er jetzt bereit ist, die neuen Möglichkeiten auszuprobieren und in der nächsten Zeit anzuwenden.

Wenn er zustimmt, gehen Sie gleich zu Schritt 5 weiter. Wenn nicht, fragen Sie ihn, unter welchen Bedingungen er bereit wäre, das zu tun. Vielleicht muß die eine oder andere Lösung noch etwas verändert werden. Bitten Sie den kreativen Teil, X dabei zu helfen. Bleiben Sie bei dieser „Feinarbeit" so lange, bis Sie von X ein klares „Ja" bekommen, daß er die neuen Lösungen ausprobieren wird.

Wenn Sie dieses Zeichen nicht bekommen, verhalten Sie sich wie bei jedem anderen Gespräch auch. Vielleicht ist es Ihrem Gesprächspartner im Moment zu viel, und er braucht eine Pause oder Bedenkzeit. Vereinbaren Sie also mit X einen Zeitpunkt, an dem Sie das Gespräch fortsetzen. (X kann sich in der Zwischenzeit mit dem kreativen Teil weiter beraten – das geht oft besonders gut, wenn der Teil, der für Ihre Träume zuständig ist, dabei mithilft. Dann können sich nämlich alle „unbewußten Beteiligten" sicher fühlen, daß sie vom Bewußtsein nicht etwa belauscht oder gar überrumpelt werden ...)

5. Schritt: Fragen Sie: Gibt es Teile, die Einwände gegen die neuen Wege haben?

Manchmal kommt es vor, daß noch ein dritter Teil von der alten Lösung X profitiert hat und deshalb mit den neuen Lösungen nicht einverstanden ist. Oder ein anderer Teil fühlt sich von der neuen Lösung bedroht und wehrt sich.

Wenn Sie fragen, meldet sich jeder dieser „Einwand-Teile" auf irgendeine Art und Weise. Wichtig ist, daß Sie wirklich ganz aufmerksam sind für diese Botschaften. Sonst würde der betroffene Teil, der nicht gehört wurde, die neuen Wege ja mit allen Mitteln boykottieren.

Danken Sie also diesen Teilen für ihre Einwände; jeder von ihnen hat auch eine gute Absicht dahinter. Finden Sie diese Absicht heraus (Schritt 2) und beziehen Sie dann auch diesen neuen Teil in das Gespräch zwischen Teil X und dem kreativen Teil mit ein. Sie sollen zu dritt die drei neuen Wege entsprechend ändern, so daß alle einverstanden sind. (Wenn hier mehrere Teile Einwände erheben, können Sie auch alle zu einer „Konferenz" zusammenführen.)

Es kann durchaus sein, daß sich an dieser Stelle keine Einwände melden und daß X schon zugestimmt hat. Dann können Sie sich schon im Voraus auf den Erfolg der neuen Lösungswege freuen. Dabei ist es nicht entscheidend, ob Ihr Bewußtsein deren genauen Inhalt kennt. Entscheidend ist, daß die neuen Wege erfolgreich sind und Sie die Zufriedenheit erleben, daß die alte störende Verhaltensweise nun nicht mehr notwendig ist. Die unbewußte Absicht wird jetzt auf neue Art und Weise verwirklicht, so daß es für Sie und andere Beteiligte hilfreich und sinnvoll ist.

6. Schritt: Stellen Sie sich lebhaft vor, wie schön es sein wird, die neuen Lösungen zu erleben

Erlauben Sie sich einen „Tagtraum", eine „innere Reise" ... Wie werden die neuen Möglichkeiten aussehen? Wie werden sie sich anfühlen? Was werden Sie oder andere sagen, wenn Sie wieder in eine Situation kommen, die früher regelmäßig zum Verhalten X geführt hat und die jetzt auf völlig neue – und überraschende – Weise gemeistert wird?

Bleiben Sie bei dieser Phantasie, solange es Ihnen Spaß macht. Dann beenden Sie die Übung – vielleicht mit einem Gefühl, als seien Sie soeben aus einem angenehmen Traum erwacht ...?

Umdeuten (Six-Step-Reframing) – Zusammenfassung

Klient

1	Verhalten	1. Problem**verhalten** X konkret benennen.
2	Teil X	2. Teil „X" ansprechen: Kontaktbereitschaft erbitten (Ja-Signal).
3	gute Absicht	3. Teil „X" nach seiner guten Absicht fragen (bewußt oder unbewußt) ⇒ Bedanken! Jetzt Teil „X" evtl. umbenennen (positiv oder mindestens wertneutral).
4	Kreativer Teil	4. Kreativen Teil ansprechen, ihn um Mithilfe bitten.
5	Neue Lösungen/ Verhaltensweisen	5. Kreativen Teil drei neue Lösungen finden lassen, um gute Absicht des Problemverhaltens X auf neue Weise zu erfüllen.
6	Ökologie-Prüfung Abschluss	6. a) Zustimmung von Teil X zu neuen Lösungen? (Wenn Einwände: zurückgeben an kreativen Teil, Schritt 5.) b) Haben andere Teile Einwände? ⇒ Bedingungen klären/höheres Ziel, Ökologie prüfen (Familie, Beruf, etc.), ggf. zurückgeben an kreativen Teil, Schritt 5. *Abschluß*: Klient stellt sich die neuen Lösungen in der konkreten Anwendung vor.

3.4.3 Zwei Seelen wohnen ...: Werte-Konflikte und ihre Lösung

Im Persönlichkeits-Panorama arbeitet der Klient mit seinen zentralen Werten. Diese Werte in ihrer Gesamtheit bilden das individuelle Werte-System. Häufig gibt es dabei den Fall, daß Werte miteinander in Konflikt stehen.

In der Dialektik ist es eine alte Erkenntnis, daß wesentliche Werte oft in einer konflikthaften Beziehung stehen und ständig ausbalanciert oder neu integriert werden müssen:

➤ z.B. Freiheit vs. Ordnung;
➤ Sicherheit vs. Entwicklung;
➤ Unabhängigkeit vs. Beziehung.

So ist es kein Einzelfall, daß im Persönlichkeits-Panorama solche Wertekonflikte auftauchen. Um mit ihnen angemessen zu arbeiten, bietet sich die „Integration widersprechender Werte" nach Robert Dilts an. Hier wird das Vorgehen im Überblick skizziert – die konkrete Umsetzung zeigt das Fallbeispiel von Hans.

---

1. Identifizieren der Anteile, die miteinander in Konflikt liegen

Beschreiben Sie* die Situation, in der Sie sich im inneren Konflikt fühlen. Einerseits möchten Sie gerne etwas tun, andererseits denken Sie aber, daß Sie das nicht können/dürfen etc.

Gehen Sie nun daran, die beiden Anteile zu identifizieren, die hier miteinander in Konflikt liegen. Was möchte der eine Teil in Ihnen, was möchte der andere? Konzentrieren Sie sich immer nur auf einen Teil und „blenden" Sie den anderen in der Zwischenzeit aus. Benennen Sie Ihre Absichten, Motive und Überzeugungen für jeden Anteil.

Die beiden Anteile – nennen wir sie A und B – stehen sich also gegenüber. Wie sehen sie sich an? Was hält der eine vom anderen? Welche Art des Umgangs haben sie miteinander? Vielleicht kennen sie sich nicht einmal mehr, weil zwischen ihnen in der Zwischenzeit eine dicke Mauer steht. So verschieden sie auch scheinen mögen – etwas haben sie doch gemeinsam. Was ist es, das beide Teile verbindet? Um das herauszufinden, gibt es mehrere Möglichkeiten. Ein Weg, der vielen Menschen leicht fällt, ist das räumliche Ankern der Positionen.

---

* Zur Formulierung: Das Vorgehen wird hier aus der Perspektive des Beraters beschrieben, der den Klienten durch den Prozeß führt.

Das Persönlichkeits-Panorama: die Methode • 73

> **2. Gute Absichten**
>
> a. Suchen Sie sich einen freien Platz im Raum. Von dieser Beobachter-Position aus finden Sie zwei Plätze für die Teile A und B. Wichtig ist, daß die Teile A und B sich dabei sehen können, zum Beispiel so:
>
> **Beobachter-Platz**
>
> **Teil A**   **Teil B**
>
> b. Gehen Sie in die Position A und identifizieren Sie sich ganz mit dem Teil A. Beschreiben Sie sich, Ihre Überzeugungen, Ziele und Motive. Wie sehen Sie Teil B? Was halten Sie von ihm? – Gehen Sie dann zurück in die Beobachter-Position (auch innerlich: lassen Sie Teil A an seinem Platz!) und erst dann in die Position B. Identifizieren Sie sich nun ganz mit Teil B und wiederholen Sie die Schritte wie bei A. – Gehen Sie dann zurück in die Beobachter-Position.
>
> c. Gehen Sie in Position A und nennen Sie Ihre gute Absicht. Welches Ziel haben Sie? Was wollen Sie sicherstellen? – Gehen Sie zurück zu C, und machen Sie dann daßelbe in Position B.

Jeder der beiden Teile ist ein Bestandteil der gesamten Persönlichkeit. Und als solcher hat jeder eine „gute Absicht". Der Konflikt zwischen beiden Teilen schluckt aber Energie, die nötig wäre, um die Absicht in die Tat umzusetzen! Wichtig ist also zunächst einmal, daß beide Teile gegenseitig ihre gute Absicht akzeptieren und sich gegenseitig „leben lassen". Das ist leichter gesagt als getan, denn beide scheinen doch ganz verschiedene Ziele zu verfolgen.

Wenn zwei sich streiten, freut sich der Dritte ... er kann nämlich als Außenstehender den Konflikt leichter durchschauen und Auswege erkennen! Und genau da liegt die Lösung des Konflikts der beiden Teile: Wenn wir einen Schritt zurücktreten und beide Teile von außen betrachten, stellt sich bald heraus, daß sie doch nicht so unterschiedlich sind, wie es auf den ersten Blick scheinen mochte. Beide Teile haben Gemeinsamkeiten, die sie verbinden! Und um diese Gemeinsamkeiten geht es im nächsten Schritt. Welches gemeinsame Ziel haben beide Teile? Was ist es, das für beide stimmt?

> **3. Das gemeinsame Ziel**
>
> Gehen Sie in Position C und beschreiben Sie von dort aus das gemeinsame Ziel beider Teile. Was verbindet sie, welche Absicht haben sie gemeinsam? (Wenn Ihnen das zunächst schwer-

> fällt, beginnen Sie bei ganz „großen" Gemeinsamkeiten: Beide Teile gehören zu mir. Beide wollen, daß ich überlebe. Beide möchten Harmonie in der Familie usw.) Dieses gemeinsame Ziel ist entscheidend für die spätere Integration: Nehmen Sie sich genügend Zeit dazu!

Dieses gemeinsame Ziel bildet die Basis für die Kooperation der beiden Teile. Wenn es von beiden Teilen wirklich anerkannt wird, so ist eine wesentliche Bedingung für die Versöhnung erfüllt, denn beide Teile können erkennen, daß sie gewissermaßen an einem Strang ziehen. Beide unterstützen das gemeinsame Ziel. Auf dieser Basis ist es unsinnig, sich weiterhin zu bekämpfen, denn beide Teile haben ja ein gemeinsames Interesse. Die logische Folge ist also eine Bündelung ihrer Stärken, so daß sie sich gegenseitig beim Erreichen des gemeinsamen Ziels unterstützen. Indem die Teile ihre Stärken und Ressourcen miteinander teilen, können sie voneinander profitieren und lernen. Darum geht es im nächsten Schritt.

> ### 4. Ressourcen-Transfer
>
> a. Gehen Sie in Position A, schauen Sie zu B und beschreiben Sie B's Stärken. Was hat oder kann Teil B, das für Teil A nützlich und hilfreich wäre? Was kann A von B lernen? Welche Ressourcen hat A, die B fehlen? – Machen Sie dann dasselbe von Position B aus.
>
> b. Von außen: Sehen Sie das gemeinsame Ziel beider Teile und finden Sie auf dieser Grundlage einen Weg, wie A und B sich gegenseitig ihre Ressourcen schenken können. Vielleicht übergeben sie sich gegenseitig Päckchen oder schicken Symbole oder Lichtstrahlen hin und her – hier gibt es zahlreiche Möglichkeiten.
>
> c. Übergeben Sie die Geschenke und nehmen Sie sich Zeit, um das Geben und Nehmen innerlich nachzuvollziehen.

Oft wird an dieser Stelle bereits deutlich, wie schwer es ist, die Trennung der beiden Teile aufrechtzuerhalten. Es scheint so, als ob beide eine gegenseitige Anziehungskraft entwickeln, um zueinander zu kommen und zu einer vollständigen Persönlichkeit zu verschmelzen. Genau das ist der entscheidende Schritt der Integration. Es geht nicht nur um ein Zusammenkommen der beiden, denn dabei entsteht etwas ganz Neues. Das Ganze ist mehr als die Summe der Teile!

> **5. Die Integration**
>
> a. Gehen Sie langsam auf direktem Weg zwischen A und B hin und her. Nehmen Sie dabei mit allen Sinnen wahr, wie Sie zuerst Teil A sind, dann zu einem Zwischenstadium kommen und schließlich voll und ganz Teil B sind. Wiederholen Sie dies mehrmals, bis Sie den „Übergangspunkt" zwischen A und B genau spüren, sehen, hören können.
>
> b. Gehen ein letztes Mal zwischen A und B hin und her, bleiben Sie dann am Übergangspunkt stehen. Wenn Sie nun einen Schritt nach vorne machen, können Sie wahrnehmen, wie sich beide Teile in Ihnen vereinen. So entsteht etwas Neues: Beide Teile verschmelzen in einer neuen, vollständigen Qualität. Nehmen Sie sich Zeit, um das mit allen Sinnen wahrzunehmen.

> **6. Zukunftssicherung**
>
> Erlauben Sie sich einen Tagtraum: Wie wird es sein, wenn Sie mit diesen neuen Erfahrungen in die Zukunft gehen? Denken Sie an verschiedene konkrete Situationen und prüfen Sie die Ökologie: Was wird anders sein, für Sie, für Ihre Familie, für Ihren Beruf ...? Wenn Einwände auftauchen (das merken Sie zum Beispiel an einem „komischen Gefühl" oder an einem „Aber ..."), bedeutet das, daß ein Teil noch nicht mit dieser Lösung einverstanden ist. Bitten Sie ihn deshalb, seine Wünsche und Bedingungen zu nennen, damit Sie diese berücksichtigen können. Oft geht das mit einer einfachen Vereinbarung, vielleicht ist es aber auch sinnvoll, mit diesem Teil den ganzen Prozeß noch einmal durchzugehen.

Die Ökologie ist der wichtigste Teil des Prozesses. Veränderungen helfen uns nur dann, wenn sie sinnvoll in unser Leben eingebettet sind. Wir leben nicht im luftleeren Raum und nicht auf einer einsamen Insel. Wenn wir uns verändern, ändert sich auch das System, in dem wir leben – oft zum Positiven, doch manchmal sind auch Risiken und Konsequenzen dabei, die uns vielleicht auf den ersten Blick entgangen sind. Es lohnt sich deshalb, im Geiste Situationen aus verschiedenen Lebensbereichen durchzuspielen und zu klären, was sich dort alles ändern kann, wenn Sie sich ändern. Dabei hilft uns oft unser Körper auf direkte Weise mit konkreten Reaktionen. Plötzliche Kopfschmerzen, unangenehme Gefühle oder „geistige Funkstille" vermitteln deutlich, daß mindestens ein Teil noch Einwände hat. Andererseits kann Ihnen ein inneres Glücksgefühl ebenso klar zeigen, daß die Lösung für alle Teile ökologisch ist.

Konflikt-Integration nach Robert Dilts
Zusammenfassung

1. Identifizieren der Anteile, die miteinander in Konflikt liegen
Identifizieren Sie die beiden Teile, die im Konflikt liegen.
Finden Sie dafür zwei Plätze im Raum (A/B).

2. Gute Absichten
Versetzen Sie sich in den einen Teil hinein (A) und beschreiben Sie als Teil A Ihre Überzeugungen, Motive und Ziele.
Was halten Sie von Teil B?
Nennen Sie Ihre gute Absicht für die Gesamtpersönlichkeit.
Geben Sie dann dem Teil A eventuell einen neuen, positiven Namen, der seine gute Absicht deutlich macht.
Wiederholen Sie diese Einzelschritte dann für den anderen Teil (B).

3. Das gemeinsame Ziel
Beschreiben Sie von außen, was A und B verbindet.
Welche Überzeugung gilt für beide gleichermaßen?
Welches gemeinsame Ziel haben beide Teile?

4. Ressourcen-Transfer
Identifizieren Sie die Ressourcen beider Teile.
Was hat A, das B fehlt, und umgekehrt?
Finden Sie einen Weg zum gegenseitigen Austausch dieser Ressourcen (Geschenke).

5. Integration
Gehen Sie langsam zwischen A und B hin und her. Spüren Sie den Übergang.
Von diesem Punkt des Übergangs aus machen Sie dann einen Schritt nach vorne, um wahrzunehmen, wie sich beide Teile vereinen. So entsteht etwas Neues: Beide Teile verschmelzen in einer neuen, vollständigen Qualität. Nehmen Sie sich Zeit, um die Integration mit allen Sinnen wahrzunehmen.

6. Zukunftssicherung
Wie wird es sein, wenn Sie mit diesen neuen Erfahrungen in die Zukunft gehen?
Prüfen Sie dies an verschiedenen konkreten Situationen: Was wird anders sein – für Sie, für Ihre Familie, in Ihrem Beruf …?

3.4.4 Unterstützung durch innere Mentoren

Aus der Beratungspraxis ist das Phänomen der „Polarity Response" bekannt. Wörtlich übersetzt bedeutet das so etwas wie „Gegensätzliche Antwort" und beschreibt die Tendenz mancher Menschen, auf Anweisungen oder Vorschläge prinzipiell mit einem Verhaltensimpuls zu reagieren, der dem ursprünglichen Vorschlag genau entgegengesetzt ist. „Lassen wir Thema X zunächst beiseite und beginnen wir mit der Frage Y", sagt beispielsweise der Berater – ein Klient, der zu Polarity-Reaktionen neigt, wird nun garantiert bei Thema X bleiben. Das Interessante an diesem Verhaltensmuster ist, daß es dem Klienten selbst nicht notwendigerweise bewußt zu sein braucht. Häufig merken die Betroffenen selbst gar nicht, wie sie immer auf gerade das Gegenteil lossteuern – sie wundern sich eher darüber, daß viele Gespräche sich anscheinend im Kreis drehen und nicht so recht vorankommen.

Bei der Arbeit mit dem Persönlichkeits-Panorama zeigt sich das Verhaltensmuster des Polarity Response schon in der ersten Phase, bei der die Inhalte gesammelt werden. Der Berater bekommt hier überdurchschnittlich viele „Aber" zu hören. Zudem antwortet der Klient auf positiv gestellte Fragen nach Fähigkeiten eher mit solchen, die er nicht hat. Bei Überzeugungen wird er viele einschränkende nennen, die ihn daran hindern, seine Ziele zu erreichen. Mancher Berater könnte dann in die Falle tappen und den Klienten als „schwierig" bezeichnen. Oder ins Helfer-Syndrom verfallen und einen Vorschlag nach dem anderen machen, der allerdings Gefahr läuft, mit einem weiteren „Aber" abgelehnt zu werden. Erkennt der Berater das Polarity-Muster, könnte er es natürlich bewußt nutzen, statt dagegen anzugehen. Manche Eltern versuchen dies (unbewußt), wenn sie ihren Kindern, die gerade in der Nein-Phase stecken, Vorschläge machen, die genau das Gegenteil beinhalten, was sie eigentlich bezwecken. Ein Kind, das seine Umwelt mit Lautstärke beeinflussen will, wird sich von einem elterlichen „Sei leise!" wenig beeindrucken lassen. Die lakonische Aufforderung „Schrei lauter!" hat allerdings schon mal manchen Phon-Terroristen verstummen lassen – denn plötzlich macht das Schreien keinen Spaß mehr, denn Papa hat es sozusagen angeordnet. In der Beratung gibt es ähnliche Strategien, die auf der „Paradoxen Intervention" nach Paul Watzlawick begründet sind.

Damit solche paradoxen Interventionen Erfolg haben, sind mehrere Voraussetzungen nötig. Wenn Klient und Berater eine gute Beziehung zueinander haben, und wenn der Berater genau weiß, was er sagt und dies auch authentisch tut, dann sind solche Interventionen ungeheuer wirksam. Man kann sie in der Wirkung mit Spontan-Reframing vergleichen, die den Klienten zunächst sprachlos werden lassen – bis er dann anfängt zu lachen. Doch nicht alles, was anders klingt, ist schon paradox. Und solche gut gemeinten, aber mangelhaft umgesetzten Paradoxien legen Risiken und können den Kontakt eher schwächen.

Das Persönlichkeits-Panorama gibt uns eine einfache und zugleich elegante Möglichkeit, mit den polaren Reaktionen des Klienten umzugehen. Dem NLP-Prinzip des Pacing folgend, nehmen wir die Beiträge des Klienten erst einmal so, wie er sie anbietet. Wenn in der ersten Phase der Informationssammlung dann viele negativ scheinende Karten kommen, ist dies nicht schlecht, sondern zeigt eben die Landkarte dieses Klienten. Das inhaltliche Bearbeiten wird dadurch wahrscheinlich länger dauern; wird allerdings auch gleichzeitig interessanter.

Um mit dem inhaltlichen Bearbeiten beginnen zu können, braucht es hier einen wichtigen Zwischenschritt. Der Klient soll ja nicht sein Polarity-Response-Muster in die Bearbeitung mitnehmen, denn dann würde die Sache doch eher unübersichtlich und langwierig. Wir brauchen also eine Möglichkeit, die es dem Klienten erlaubt, Abstand von diesem Verhaltensmuster zu gewinnen.

Von dem Prinzip der Dissoziation wissen wir, daß dieser Abstand ruhig wörtlich zu nehmen ist. Der Klient sucht sich also einen Platz im Raum, der ihm den Überblick erlaubt und weit genug von den Karten entfernt ist.

Diese Dissoziation hilft, doch in den meisten Fällen ist sie noch nicht ausreichend, um aus dem Verhaltensmuster stabil auszusteigen. Um eine stabile neue Wahrnehmungsperspektive zu erreichen, kann sich der Klient auch direkt in eine neue „Arbeitsrolle" versetzen. Er sucht sich dazu einen Berater, Freund, Lehrer oder Mentor, das heißt eine Person, die ihm wohlgesonnen ist und die freundlich und interessiert ihre Meinung zu seinen Themen einbringen kann. Um damit zu arbeiten, stellt sich der Klient diese Person zunächst einmal äußerlich genau vor: Wie sieht er/sie aus, wie ist die Körperhaltung, wie die Sprache usw. Dann versetzt sich der Klient in die Position des Mentors und steigt gewissermaßen „in ihre Schuhe", um die Welt aus ihren Augen zu betrachten. Auf diese Weise kann er als Mentor auch den Klienten betrachten (also sich selbst) und das Persönlichkeits-Panorama, das er gelegt hat.

Und in der Rolle des Mentors betrachtet der Klient nun die einzelnen Karten. Er markiert die, welche einen negativen Beigeschmack haben, die Problemfelder und Widersprüche. Ebenso schaut er, was im Gesamtbild fehlt, und notiert das auf separaten Karten.

Für die weitere Bearbeitung gibt es nun zwei Möglichkeiten. Sie kann entweder aus der Position des Mentors erfolgen, oder der Klient schlüpft gleich aus der Arbeitsrolle „Mentor" heraus und nimmt wieder seine eigene Position ein.

1. Bearbeitung aus der Position des Mentors

Assoziiert in der Rolle des Mentors wird für jede negativ besetzte Karte ein Reframing erarbeitet. „Was steht hinter diesem Thema?" „Was ist die gute Absicht?" „Welche höhere (bzw. tiefere) Bedeutung steckt darin?" „Wozu ist das gut?"

Die Antworten des Mentors werden notiert. Dies geschieht am besten auf separaten Karten, damit sie der Klient später dann genau prüfen kann. Diese Prüfung ist wichtig, damit die Landkarte die des Klienten bleibt.

Der Mentor ist eine wichtiger Helfer und Ideenlieferant, dessen Beiträge vom Klienten selbst geprüft und eventuell ergänzt oder umformuliert werden. So erarbeitet sich der Klient Stück für Stück seine eigene Landkarte.

2. Bearbeitung aus der Position des Klienten

Dieses Vorgehen entspricht dem, das Sie bereits kennen.

Der Klient kann bei Bedarf jederzeit in die Position des Mentors gehen und sich dort neue Ideen oder Hilfe holen. Auch ein Ressourcen-Anker des Mentors kann dabei hilfreich sein, ebenso ein Symbol, das ihm der Mentor mitgibt.

Der Mentor als Helfer
Zusammenfassung

1. Der Klient identifiziert eine Person, die ihn im Arbeitsprozeß unterstützen kann. Diese Person kann sein *real*: Freund, Lehrer, Berater (nicht Eltern)
imaginiert: Phantasiegestalt (Fee, Zauberer ...)
geschichtlich: Vorbild, Idol, Held ...

2. Der Klient stellt sich die Person vor, als wenn sie vor ihm steht: Wie sieht sie aus, wie groß ist sie, welche Kleidung trägt sie? Er beschreibt Haltung und Stimme des Mentors ebenso wie seine zentralen Fähigkeiten und Werte. Was kann er? Was ist ihm wichtig? Was vertritt er?

3. Nun wechselt der Klient in die Position des Mentors. Der Berater unterstützt ihn dabei, indem er ihm die wichtigsten Antworten aus Schritt 2 wiederholt. Besonders achtet er darauf, daß der Klient die Körperhaltung des Mentors annimmt – hier sollte ein deutlicher Unterschied zu sehen sein.
Aus dieser Position des Mentors werden nun die negativ bewerteten Karten einzeln geprüft und ihr positiver Kern formuliert. Diese positive Karte wird dann über die ursprünglich negative gelegt.

4. Der Klient verlässt die Position des Mentors, verabschiedet sich von ihm und bedankt sich bei ihm. Dann prüft er selbst noch einmal die positiv veränderten Karten, inwieweit ihm diese aus seiner Sicht stimmig erscheinen. Er kann auch weitere Ergänzungen vornehmen.

4. Das Persönlichkeits-Panorama: die Praxis

Sie kennen jetzt die Grundlagen und die Methode des Persönlichkeitspanoramas – nun geht es in die Praxis. In den nächsten Kapiteln lernen Sie verschiedene Klienten kennen und sehen, wie verschieden die Panoramen sind, die sie sich erarbeitet haben. Die Arbeit mit diesen Klienten hatte ganz unterschiedliche Zielrichtungen und umfasst ein breites Spektrum vom beruflichen Coaching bis zur psychotherapeutischen Beratung. Ebenso verschieden wie die Ziele war auch der Zeitpunkt, an dem die Arbeit mit dem Persönlichkeits-Panorama stattfand: zu Beginn einer Therapie als „Türöffner", während der Beratungsphase als „Katalysator" oder zum Schluss der gemeinsamen Arbeit als „Bilanz".

So geben Ihnen die Fallbeispiele einen Einblick in das breite Anwendungsfeld dieser Methode. Und dadurch, daß Sie reale Beispiele aus dem Beratungsalltag kennenlernen, kann die Methode des Persönlichkeits-Panoramas lebendig und bunt werden. Denn: Diese Methode ist nichts, was statisch oder abgeschlossen ist, sondern sie kann sich weiterentwickeln. Neue Aspekte können aufgenommen werden und die Anwendbarkeit erweitern – und dies ist ganz im Sinne der Grundlagen: NLP ist ja ebensowenig ein geschlossenes, „fertiges" System, sondern es überzeugt gerade durch seine stetige Weiterentwicklung und Anwendungsvielfalt.

Überblick:

Praxisbeispiel 1:
Das Persönlichkeits-Panorama als Katalysator
→ **Visionen klären (Martin)**

Praxisbeispiel 2:
Das Persönlichkeits-Panorama als Türöffner
→ **Berufliches Coaching (Christian)**

Praxisbeispiel 3:
Das Persönlichkeits-Panorama als Türöffner zu Beginn einer Beratung
→ **Alte Rollen verlassen – neue Rollen entwickeln (Hans)**

Praxisbeispiel 4:
Das Persönlichkeits-Panorama als Bilanz einer längeren Beratungsphase
→ **Erfolge stabilisieren (Heike)**

4.1 Das Persönlichkeits-Panorama als Katalysator

Praxisbeispiel 1: Visionen klären (Martin)

Martin: Vorstellung und Beratungsrahmen

In diesem ersten Beispiel möchte ich Ihnen Martin vorstellen. Er ist Ende dreißig, verheiratet, hat eine kleine zweijährige Tochter und einen Sohn im Kindergartenalter. Seit mehreren Jahren arbeitet er als angestellter Trainer in einem großen deutschen Konzern und ist dort zuständig für Management-Beratung. Das umfaßt eine Vielfalt an Aufgaben. Sein Schwerpunkt liegt in der Arbeit mit Menschen, z.B. im Rahmen von Seminaren und Trainings. Ebenso arbeitet er auch individuell mit Einzelnen und führt Einzelcoachings z.B. bei Unternehmern durch.

Martin wirkt selbstsicher, kompetent und zielorientiert. Er formuliert klar, was er will, und kann seine Stolpersteine und Problemthemen ebenso deutlich ansprechen wie seine Ziele. Andererseits macht er einen fast jungenhaften Eindruck – und es macht viel Spaß, mit ihm zu arbeiten.

Martin kam mit dem Wunsch nach persönlichem Coaching zu mir. Er hatte bereits reichliche Vorerfahrung in der Arbeit an der eigenen Entwicklung, weil er mehrere Fortbildungen im Bereich der humanistischen Psychologie und Kommunikation besucht hatte. Persönliches Coaching kannte er ebenfalls aus eigener Erfahrung, da er früher schon einmal mit einem anderen Coach gearbeitet hatte. Abgesehen davon ist er in seiner Firma selbst als Coach tätig und kennt daher den Prozeß noch von der anderen Seite des Tellerrandes aus.

Martin will gezielt an einigen persönlichen Themen arbeiten und so die eigene Persönlichkeitsentwicklung unterstützen. Es geht hier also um gezieltes, themenmäßig umgrenztes Coaching, nicht um eine groß angelegte psychotherapeutische Behandlung.

Die Arbeit mit Martin war zeitlich so organisiert, daß wir jeweils für zwei bis drei Stunden am Stück miteinander gearbeitet haben. Insgesamt kam Martin für fünf Coaching-Termine; die ersten drei lagen im Abstand von vier Wochen, dann kam eine längere Urlaubspause, und die letzten beiden lagen ebenfalls wieder im vierwöchigem Abstand. So konnten wir intensiv miteinander arbeiten, und Martin hatte zwischen den einzelnen Terminen gute Möglichkeiten, um die Ergebnisse der Arbeit im „realen Leben" umzusetzen und das Feedback daraus zu reflektieren.

Thematischer Überblick der Arbeit mit Martin

Die fünf Coaching-Termine mit Martin sind inhaltlich eng miteinander verbunden. Aus diesem Grund können Sie eine kurze Beschreibung aller Sitzungen lesen. In den ersten beiden wurden konkrete Ziele geklärt und Wege zur Zielerreichung gefunden; in der dritten Sitzung war schließlich der Zeitpunkt für das Persönlichkeits-Panorama gekommen. Dies ist also ein Beispiel, wie die Arbeit mit dem Panorama als „Katalysator" wirken kann.

Termin 1: Ziele des Coachings formulieren

In der ersten Sitzung nach seinen Zielen gefragt, antwortete Martin mit mehreren, recht klar umrissenen Zielfeldern:

1. Klärung der eigenen Vision
Martin sieht seine berufliche Zukunft innerlich relativ klar vor sich. Bei der Umsetzung ist er „noch zu unkonkret"*. Er will seine inneren Bilder in die Tat umsetzen und den Weg zu seiner persönlichen Vision finden. Dabei ist ihm sehr wichtig, daß er eine Kombination aus Familie und Beruf erreicht, „indem die Leute zu mir kommen und gecoacht werden wollen". Er möchte später in einem eigenen Trainingszentrum selbständig arbeiten und direkt dort mit der Familie wohnen.

2. Realistisches Selbstbild entwickeln: Feedback einholen und annehmen
Momentan fühlt sich Martin in einer „Positionierungsphase". Er möchte Feedback anderer angemessen annehmen können, denn bisher bemerkt er ein gewisses Reaktionsmuster: Sobald er positives Feedback bekommt – und das ist häufig der Fall, denn er ist beruflich sehr erfolgreich –, beginnt er, „den Makel dabei zu suchen". Wenn er Feedback offen annehmen kann, verspricht er sich davon wertvolle Informationen: Er will das Fremdbild, das er über Feedback erhält, mit seinem eigenen Selbstbild abgleichen, um so seine weitere berufliche Entwicklung genauer klären und planen zu können.

3. Prioritäten setzen und Klarheit finden
Martin hat sehr viele Ideen, ist aber bei deren Umsetzung unsicher. Er erlebt sich als sprunghaft und spricht über mangelnde Ausdauer. Sein Ziel ist es, die Ideen zu sortieren, zu gewichten und die wichtigen Themen „zum Abschluß zu bringen".

---

* Zitate von Martin sind jeweils durch „..." kenntlich gemacht.

Beruflich kann er vieles termingerecht und zügig erledigen – privat hat er zahlreiche „Zettel mit Unerledigtem", die wochenlang herumfliegen und erst Wochen später gesichtet und zusammengetragen werden. Hier will er etwas ändern. Es geht ihm nicht nur um inhaltliche Klärung und Prioritäten, sondern auch um das persönliche Zeitmanagement: „Wann nehme ich mir wofür Zeit"? Und dies führt ihn zum nächsten Themenbereich:

4. Tagesrhythmus und Ernährung optimieren
Martin will „zufriedener in den Tag gehen" und sieht seinen Weg dorthin klar vor sich. Bisher geht er abends häufig sehr spät schlafen und kommt am nächsten Morgen entsprechend schwer in die Gänge. Martin will morgens regelmäßig früher aufstehen, um so den Tag von Anfang an positiver zu gestalten. Zusätzlich möchte er seine Essgewohnheiten so verändern, daß sie seinen inneren Werten entsprechen. Dadurch verspricht er sich, mehr Energie zu haben.

Hier sieht er einen Zusammenhang zum Thema „Prioritäten setzen".

5. Eigene Stärken ausbauen
Martin geht bewußt mit sich um und führt z.B. ein Erfolgstagebuch. Die Erfahrung der eigenen Kompetenz und der eigenen Stärken gibt ihm die Basis für seine Berufung, wie er sie formuliert: „Dort anfangen, wo andere aufhören." Dieses „Mission Statement" ist ihm sehr wichtig und hat einen zentralen Platz in seinem Leben. Dazu gehört auch die Bereitschaft, mit Krisen und dem „Feuer" umzugehen – und genau das reizt Martin sehr.

Martin hat klare Ziele und kann sie ebenso deutlich formulieren. Er will keine ausführliche Psychotherapie, sondern konkrete Hilfe beim Erreichen persönlicher und beruflicher Ziele. Für dieses ziel- und ergebnisorientierte Coaching reichen die Vorinformationen aus. An dieser Stelle sind deshalb keine weiteren diagnostischen Mittel notwendig; das Persönlichkeits-Panorama wird für den späteren Coaching-Prozeß eingeplant.

Bei der Frage, in welcher Reihenfolge die Themen bearbeitet werden sollen, möchte Martin mit konkreten Verhaltensweisen beginnen: In den nächsten beiden Terminen geht er an die Themen „Prioritäten setzen, Unerledigtes sortieren und Zeitmanagement".

Termin 2 und 3: Zwei konkrete Ziele werden bearbeitet

In diesen beiden Sitzungen arbeitet Martin an zwei konkreten Zielen:

a) „Tagesrhythmus und Ernährung optimieren"

Seine Beschreibung der Ist-Situation – die er als problematisch erlebt – läßt sich zusammengefaßt so beschreiben: „Ich lebe im Moment und gebe mich dem hin, was gerade kommt. Das macht mir Spaß. Ich will mit dabei sein und mich als toller Kerl fühlen. Ich arbeite viel, und wenn ich müde werde, ignoriere ich es häufig. Seit meiner Kindheit esse ich möglichst schnell – um nur ja genug abzubekommen. Das führt dazu, daß ich Essen oft in mich hineinschaufele und dann träge und müde werde. Ich bin unzufrieden und unter Stress und brauche Ruhe und Struktur."

In dieser Sitzung setzt sich Martin konkrete Ziele:

➤ Seinen Tagesrhythmus ändert er dahingehend, daß er abends früher schlafen geht, dadurch morgens früher aufsteht und die gewonnenen Morgenstunden nutzt, um seinen Tag besser zu organisieren.

➤ Tagsüber nimmt er sich einerseits Zeit für kurze Pausen, indem er einfach zwischendurch die Augen schließt und sich entspannt, und andererseits plant er regelmäßige längere Pausen ein, in denen er sich bewegt und z.B. spazieren geht. Dies kann er auch gut während des Arbeitstages tun, und dafür geht er gedanklich mehrere Szenarien durch – während eines Seminar- oder Coachingtages und an Tagen mit Büroarbeit. Wenn Müdigkeit aufkommt, läßt er sie zu und nutzt sein neues „Ritual für Pausen", indem er kurz die Augen schließt und sich bewußt entspannt.

➤ Privat nimmt er sich zukünftig diese Pausen ebenfalls und zieht sich z.B. kurz zurück, wenn er nach Hause kommt – statt sich wie bisher voll und ganz von den Kindern in Beschlag nehmen zu lassen.

Mit zusätzlichen konkreten Zielen für seine Essgewohnheiten beendet Martin dann zufrieden und voller Tatendrang die Arbeit.

b) „Prioritäten setzen, Unerledigtes sortieren und Zeitmanagement"

Bei der dritten Sitzung geht es ebenfalls um ganz konkrete Themen. Martin hat zu Hause im Arbeitszimmer zahlreiche Stapel von verschiedenstem Material für Seminare und anderes. Dieses Material ist wichtig und wertvoll, denn er will es für Seminare, Coachings und Manuskripte verwenden. Leider stauben dieser Schätze aber unsortiert vor sich hin und sind dadurch praktisch unbrauchbar, denn Martin hat keinen

Überblick, was er hat und wo das ist, was er jetzt gerade brauchen könnte, z.B. für einen speziellen Kunden.

In dieser Sitzung entwickelt er für sich ein neues System, wie er seine Ablage organisieren kann. Zusätzlich erarbeitet er sich eine Strategie, wie er ab jetzt gleich beim ersten Lesen neues Material kennzeichnen (durch entsprechende farbige Aufkleber) und so bereits vorsortieren kann.

Als Ergebnis berichtet er kurz darauf, daß er sich schöne, neue Ordner gekauft hat und viel von dem vorhandenen Material dort bereits Platz gefunden hat. Die neue Ordnung macht ihm Freude, und auch die Strategie mit den farbigen Aufklebern klappt prima. Mit dieser Erfolgsmeldung verabschiedet er sich in die Urlaubszeit.

Termin 4 nach der Urlaubspause: Persönlichkeits-Panorama

Die konkreten Verhaltensthemen sind bearbeitet und nach der Pause will Martin nun zu der für ihn zentralen Frage kommen: „Was ist meine persönliche berufliche Vision?"

Um Martin zu unterstützen, umfassende Antworten für diese Frage zu finden, arbeite ich mit ihm an seinem Persönlichkeits-Panorama. Die bisherigen Sitzungen mit ihm waren von den Inhalten sehr konkret und verhaltensorientiert; der „größere Rahmen" bzw. „Tiefgang" klang dabei aber immer wieder an. Martin nahm oft Bezug auf seine Vorstellung seiner Vision, die ihm zwar noch unklar war, aber bereits sehr starke Anziehungskraft ausstrahlte. Diesen Motivationseffekt soll nun die Arbeit mit dem Panorama stärken, indem sie Martin ermöglicht, sich selbst, seine Stärken und Ziele in einen größeren Rahmen einzuordnen. – Diese Sitzung wird dadurch etwas länger und dauert drei statt zwei Stunden, in denen wir konzentriert arbeiten.

Martin nimmt zu dieser Zeit selbst an einer NLP-Ausbildung teil und ist von daher vertraut mit dem Konzept der verschiedenen Ebenen der Persönlichkeit. Ihm genügt also eine ganz kurze Einführung in die folgende Arbeit, in der er sich verschiedene Bereiche seiner Persönlichkeit bewußt machen wird, um so seine persönliche Vision klarer zu sehen. Um das transparent zu machen, werde ich ihm Fragen auf verschiedenen Ebenen stellen, und er wird danach die Bausteine so sortieren können, wie es für ihn stimmig ist.

Für den Anfang sind ja bei einem Persönlichkeits-Panorama ganz verschiedene Einstiegsfragen denkbar, je nach dem Ziel der Arbeit. Martin will an seiner Vision arbeiten, um seine Berufung zu erforschen und berufliche Erfüllung zu finden. Er will herausfinden, „wo es ihn hinzieht". Deshalb beginne ich mit einer Frage nach starken positiven Inhalten: **„Was waren markante Erlebnisse in deinem Leben, die dich beson-**

ders zufrieden gestellt haben?" Die Antworten beginnen gleich nur so zu sprudeln – wie bei Martin nicht anders erwartet – und ich brauche nur gelegentlich durch kurzes Nachfragen zu unterstützen.

Martin beschreibt mehrere Lebensereignisse, die für ihn besonders markant waren. Einige davon sind privat, andere kommen aus seinem konkreten beruflichen Umfeld. Hier die Zusammenfassung der zentralen Stichworte aus der Phase der **Informationssammlung**:

Fähigkeiten und Werte im privaten Bereich:
- Fähigkeit, naive Fragen zu stellen;
- Dinge hinterfragen können;
- andere akzeptieren, wie sie sind;
- mit viel Herz herangehen;
- Bereitschaft, genau hinzuschauen;
- in Kontakt mit anderen Menschen sein.

Berufliche Fähigkeiten und Werte:
- Erwartungen anderer abklären und erfüllen;
- unterschiedliche Interessen erfassen und umsetzen;
- ich kann mit Konflikten umgehen – mit dem „Feuer";
- Mut;
- Einfühlungsvermögen/Empathie;
- Geduld;
- ich kann anderen Menschen helfen, ihren Platz zu finden;
- Fähigkeit, in verschiedenen Kontexten zu arbeiten: im Einzelgespräch und in der Gruppe.

Martin wiederholt und betont mehrfach einige Fähigkeiten:
- Herausforderungen vorurteilsfrei angehen („naiv");
- Menschen akzeptieren, wie sie sind – nicht bewerten;
- auf Prozesse einlassen;
- berühren.

Wichtige Werte sind für ihn:
- Gerechtigkeit;
- konstruktiv sein;
- Beharrlichkeit;
- in Bewegung kommen (sowohl körperlich als auch geistig);

➤ Verwirrung ist ein Fortschritt;
➤ Effektivität: Ergebnisse sind sichtbar;
➤ Spaß;
➤ Mut.

Termin 5: Persönlichkeits-Panorama II
(Besprechung und Transfer)

Martin hat nach der Sitzung zu Hause ein Übersichtsbild entwickelt, in dem er die für ihn wichtigen Inhalte konzentriert und grafisch darstellt (siehe nächste Seite).

Dieses Bild wird in dieser Sitzung gemeinsam besprochen, und es werden einzelne Punkte vertieft. Dieser Prozeß ist wichtig, denn so kann sich der Klient die tiefer liegende Bedeutung seiner „Landkarte" bewußt machen und entsprechende Möglichkeiten finden, dem in seiner konkreten Lebensgestaltung Raum zu geben. Dieser Transfer ist inhaltlich zentral für die vorläufig letzte Sitzung mit Martin.

Martins Fazit

Zusätzlich beschreibt Martin in dieser Sitzung, wie er die Arbeit mit dem Persönlichkeits-Panorama erlebt hat und welche Auswirkungen dies bisher für ihn hatte. Er betont vor allem den Überblick, den ihm das Panorama gibt. Er konnte „umschichten" und verschiedene Blickwinkel ausprobieren. Der innere Abstand fiel ihm leicht, und die Dissoziation gelang ihm mühelos. Dadurch konnten „unterbelichtete Themen neuen Raum bekommen", und er sieht das Persönlichkeits-Panorama als gute Arbeitsgrundlage, die ihn neue Handlungsansätze erkennen läßt. Hier klingt also die konkrete Umsetzung an, was den Erfolg im Alltag unterstützt.

Martin hat in seinem Panorama eine ganz klare Struktur gefunden. Sie ist in Form einer Pyramide und hierarchisch geordnet: Je weiter oben die Inhalte stehen, desto zentraler sind sie für Martin.

Wichtig war für ihn der Prozeß, daß die Karten erst nach der Informationssammlung geschrieben wurden, denn dabei konnte er das Rohmaterial bearbeiten und es an der richtigen Stelle einbauen. So hat er für sich ein Ganzes erzeugt, das viel Sinn für ihn macht und ihn dabei unterstützt, seine Vision in die Tat umzusetzen.

90 • Persönlichkeits-Panorama

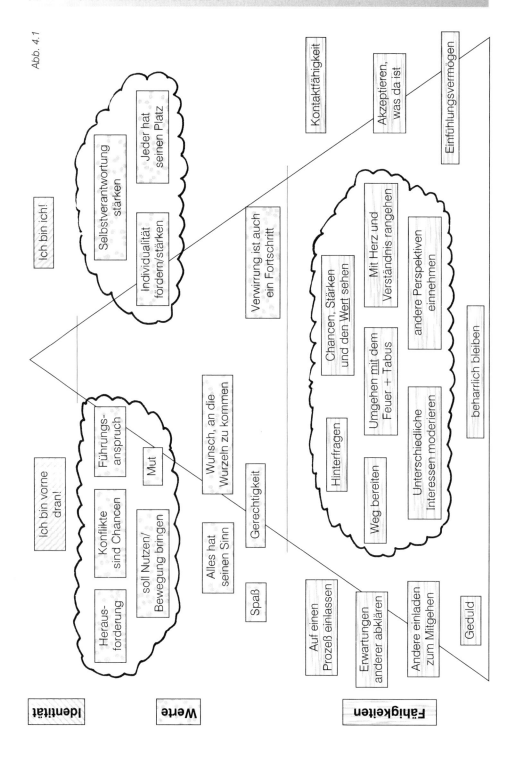

Abb. 4.1

Persönlichkeits-Panorama – Fazit der Beraterin:
Martin hat in seinem Panorama eine ganz klare Struktur gefunden. Sie ist in Form einer Pyramide hierarchisch geordnet: Je weiter oben die Inhalte stehen, desto zentraler sind sie für Martin. Bei den Ebenen der Persönlichkeit hat Martin auf die Verhaltensebene verzichtet. Fähigkeiten, Werte und Identität liefern ihm die Antworten auf die Frage nach seiner Vision – das Verhalten ist dann „nur" noch die konkrete Umsetzung, und die geht für Martin einfach.

Betrachtet man das Panorama, so fällt die sehr klare innere Gliederung auf. Die Struktur wird von Martin weiter verdeutlicht, indem er drei Felder einrahmt und dadurch betont, in welchem inneren Zusammenhang diese Inhalte für ihn stehen.

Martin betont seine Individualität: „Ich bin ich!" Er ist bereit, Selbstverantwortung zu übernehmen und seine Stärken konstruktiv einzusetzen. Ebenso wie er die Gewissheit spürt, daß ihm sein Platz in der Welt zusteht, gesteht er ihn anderen zu: „Jeder hat seinen Platz." Er will seine eigene Individualität fördern und stärken und ebenso die anderer Menschen unterstützen.

Mit den Worten „Ich bin vorne dran!" beschreibt Martin seine Führungsrolle. Diesen „Führungsanspruch" kann er mit inneren Werthaltungen stützen: Er begreift Konflikte als Chancen und will mit seiner Arbeit Nutzen/Bewegung bringen. Und er geht mit Mut auf Herausforderungen zu.

Diese beiden Felder bilden den Rahmen für Martins Definition seiner Identität: „Wer bin ich?" Mit der Antwort auf die Frage „Wo ist mein Platz?" geht er inhaltlich über die Betrachtung der eigenen Persönlichkeit hinaus und bezieht bereits die Dimension der Zugehörigkeit mit ein, die nach Dilts über der Ebene der Identität her anzuordnen ist.

Auffallend ist, daß die beiden Felder räumlich ganz nah an der Spitze der Pyramide, also der Identitätsebene liegen – ein weiterer Hinweis auf die zentrale Bedeutung dieser Themen.

Im dritten Feld bündelt Martin nun viele verschiedene Fähigkeiten, die sozusagen sein Selbstbewußtsein stärken: Dabei spannt er wieder einen großen Rahmen von individuellen Fähigkeiten:
- „andere Perspektiven einnehmen";
- „hinterfragen";
- „mit Herz und Verstand rangehen";
- „Chancen, Stärken und den **Wert** sehen";

bis zu zwischenmenschlichen Kompetenzen:
- „unterschiedliche Interessen moderieren";
- „Umgehen mit Feuer (Konflikten) und Tabus".

Rund um diese drei zentralen Felder ordnet Martin weitere Fähigkeiten und Werte, die diese stärken und ergänzen. Von der Anzahl her kommt dieses Panorama mit relativ wenigen Schlüsselbegriffen aus, die wiederum ausgewogen verteilt sind: 15 Fähigkeiten und 13 Werte bilden den Unterbau für die beiden Facetten der Identität. Diese Ausgewogenheit ist nicht selbstverständlich und spricht wiederum für die weitgehende Klarheit, die Martin in bezug auf sich und seine berufliche Vision hat.

Bewertung des Beratungsverlaufs

Vergleichen wir Martins Ergebnisse, die er erreicht hat, mit seinen Zielen aus der ersten Sitzung, so bietet sich ein weitgehend vollständiges Bild:

- *Prioritäten setzen und Klarheit finden;*
- *Tagesrhythmus und Ernährung optimieren.*

Diese Ziele hat Martin in zwei Sitzungen bearbeitet und konkrete Ergebnisse erzielt.

- *Klärung der eigenen Vision.*

Für dieses Thema haben wir mit dem Persönlichkeits-Panorama gearbeitet. Martins Einschätzung wurde weiter oben bereits beschrieben (siehe Fazit S. 89). Zu Beginn der Coachings sprach Martin davon, daß er zwar eine innere Vision habe, sie aber nicht umsetzt, weil sie für ihn zu unklar ist. Er fühlte sich verwirrt und hatte das Gefühl, sich zu verzetteln. Beim Entwickeln seines Panoramas gelang ihm die Dissoziation mühelos; er erlebte den Unterschied, wenn er mit dem nötigen inneren Abstand an dieses für ihn so zentrale Thema herangeht.

Was ist mit den zwei weiteren Themen geschehen, die Martin zu Beginn formuliert hatte? Betrachten wir sie genauer, so wird deutlich, daß auch hier die Arbeit mit dem Persönlichkeits-Panorama greift und Veränderung bzw. Entwicklung anregt.

- *Realistisches Selbstbild entwickeln.*

Durch das Erarbeiten der persönlichen „Mosaiksteine" hat Martin die Möglichkeit, sich sein eigenes Selbstbild bewußt zu machen und zu reflektieren. Indem er „verschiedene Blickwinkel" eingenommen hat – übrigens eine ausdrückliche Fähigkeit aus seinem Panorama – kam er zu einem „Ganzen, das Sinn macht". Sein Selbstbild wird so realistischer, das heißt authentisch und glaubwürdig. Martins Fähigkeiten, genau hinzuschauen, zu hinterfragen und unterschiedliche Perspektiven einzunehmen, haben ihn dabei weiter unterstützt. Diesen inneren Anstand flexibel einnehmen zu können und nach dieser Klärung wieder „ins Erleben einzusteigen" scheint einer der zentralen Lernschritte Martins zu sein.

➤ *Eigene Stärken ausbauen.*
Der Ausbau eigener Stärken ist etwas, das Martin nicht schwer fällt – er hat ja längst damit begonnen, sich seiner Stärken bewußt zu werden (Stichwort: Erfolgstagebuch) und schaut auch hier „genau hin". Das klare Persönlichkeits-Panorama kann ihm weiter helfen, seine Stärken gezielt wahrzunehmen und sinnvoll zu bündeln. In der deutlichen Gliederung des Panoramas in drei zentrale Felder mit Unter- und Überbau klingt dies bereits an.

An dieser Stelle hat Martin das Coaching vom Rahmen her verändert – statt weiterhin regelmäßig zu kommen, wollte er die Möglichkeit, Stunden „auf Abruf" zu vereinbaren, wenn es nötig werden sollte. Wie ich erwartet hatte, hatte Martin dazu zunächst keinen Bedarf, denn er brauchte bei der Umsetzung keine weitere Unterstützung. Im weiteren Zeitverlauf blieben wir im losen Kontakt, jedoch ohne regelmäßige Termine. Martin vereinbarte nach Bedarf einzelne Termine, um aktuelle Themen zu besprechen und zu klären.

Was ist typisch für Martins Persönlichkeits-Panorama?

Sie kennen jetzt Martins Coaching-Geschichte und sein Panorama. Wenn wir nun den Rahmen erweitern, können wir die typischen Kennzeichen dieser „Landkarte" betrachten. Was fällt an Martins Panorama auf?

➤ **Umgrenzter Rahmen**
Martins Panorama kommt mit relativ wenig „Material" aus: Insgesamt wählt er für sein Übersichtsbild etwa 30 Schlüsselbegriffe. Dies ist eine relativ geringe Anzahl; es gibt ebenso Panoramen mit mehr als 100 Karten!

Die begrenzte Menge wird verständlich, wenn wir uns überlegen, mit welcher Zielvorstellung Martin an die Arbeit ging. Er tat dies von vornherein mit einem klar definierten Ziel. Martin wollte „seine Vision klären" und nicht etwa eine breit angelegte Persönlichkeits-Analyse betreiben. Bei einem weit gefassten Rahmen können entsprechend mehr Facetten einbezogen werden, und das spiegelt sich in der größeren Menge an Material bzw. Karten.

Um Mißverständnissen vorzubeugen: Es soll in keiner Weise angedeutet werden, daß Panoramen mit mehr Material besser, aussagekräftiger oder hilfreicher wären. Qualität zählt mehr als Quantität, und ein klar strukturiertes Panorama mit zehn Schlüsselbegriffen kann manchem Klienten größeren konkreten Nutzen bringen als eine Masse an Material, das zwar vielfältig aber unüberschaubar ist.

➤ *Klare Struktur*

Martin hat eine sehr klare Struktur entwickelt. Die Dimensionen Höhe und Breite besitzen für ihn darin bestimmte Bedeutungen und bilden so „ein Ganzes, das viel Sinn für ihn macht und ihn unterstützt, seine Vision in die Tat umzusetzen".

Diese Struktur war für ihn auch bereits sehr früh erkennbar; es war keine bewußte Anstrengung nötig, um sie zu finden, denn sie war unbewußt bereits vorhanden.

➤ *Orientierung an Zielen und Ressourcen*

Durch die Thematik „Klärung der eigenen Vision" ist Martins Arbeit ganz klar an Zielen und Ressourcen orientiert. Sämtliche Karten haben für ihn eine positive Bedeutung; Probleme kommen in seinem Panorama nicht vor. Die problematischen Themen, die kurz während des Prozesses aufschienen, konnte Martin sehr leicht bereits im Verlauf umdeuten („Reframing") und in das entstehende Ganze integrieren. Es gab in Martins Panorama keine negativ bewerteten Karten, die im Nachhinein neu bewertet und ersetzt werden mussten, denn dieser Prozeß fand – wenn überhaupt nötig – bereits beim Schreiben statt. Wichtig ist hier noch, daß Martin seine Karten selbst geschrieben hat und das von ihm auch betont wurde – ein äußeres Anzeichen dafür, daß er früh die Verantwortung für den Prozeß selbst übernahm.

Diese positive Grundorientierung ist etwas, das Martins Lebenseinstellung entgegenkommt und ihm dadurch sehr leichtfällt. Er ist kein Klient, der problematisiert und das „halbleere Glas" beklagt – er sieht es lieber als „halbvoll" und konzentriert seine Kräfte auf Ziele und Ressourcen. So kam ihm der ressourcenorientierte Prozeß im Panorama entgegen.

➤ *Persönlichkeits-Panorama als „Katalysator"*

Wenn wir die postulierten Funktionen des Persönlichkeits-Panoramas betrachten – Türöffner, Katalysator, Bilanz –, dann läßt sich Martins Arbeit am besten als Katalysator beschreiben. Zwei seiner zu Beginn formulierten Ziele hat er durch die Arbeit mit dem Panorama implizit mit bearbeitet und dabei Fortschritte erzielt. Die Arbeit gab ihm genügend Impulse, um danach selbst weiterzugehen – er vereinbarte keine weiteren Coaching-Termine mehr und hielt mich statt dessen über seine Erfolge auf dem Laufenden. In den Monaten danach stellte er die Weichen für weitreichende berufliche Entscheidungen und beschäftigte sich auch mit der Frage eines Auslandsjahres. Durch bewußtes Abwägen des beruflichen Nutzens und der privaten Konsequenzen für die Familie traf er eine klare Entscheidung, in seiner aktuellen Stellung zu bleiben. Berufliche Kontinuität – private Veränderung: Durch einen sorgfältig gewählten Umzug schaffte er sich einen neuen Lebensraum und gleichzeitig (räumlichen) Freiraum, um seine weiteren Ziele zu verfolgen. Als diese Veränderung zufriedenstellend vorbereitet war und die private Kontinuität gesichert war, entschied er sich für den Ausstieg aus dem Angestellten-Verhältnis und arbeitet nun selbständig als Berater und Coach.

4.2 Das Persönlichkeits-Panorama als Türöffner

Praxisbeispiel 2: Berufliches Coaching (Christian)

Christian: Vorstellung und Beratungsrahmen

Christian ist ca. 40 Jahre alt, verheiratet und hat zwei Kinder. Er arbeitet als Führungskraft in der Personalabteilung eines großen Konzerns.

Bei der Arbeit mit Christian lag der Schwerpunkt im beruflichen Kontext. In individuellen Coaching-Sitzungen von zwei bis drei Stunden bearbeiteten wir verschiedene Themen aus seinem beruflichen Alltag. Das Persönlichkeits-Panorama wurde dabei am Anfang eingesetzt, um Christian einerseits zu unterstützen, Zugang zu seinen Stärken zu bekommen, und andererseits zentrale Themen besser greifbar zu machen. Die beabsichtigte Wirkung des Persönlichkeits-Panoramas war also hier die eines „Türöffners".

In diesem Praxisbeispiel wird daher das Persönlichkeits-Panorama als Einzelbaustein vorgestellt und auf die inhaltliche Beschreibung des kompletten Coaching-Verlaufs verzichtet.

Persönlichkeits-Panorama

Auch Christian ist vertraut mit dem Konzept der verschiedenen Ebenen der Persönlichkeit. Ihm genügt also eine ganz kurze Einführung in die Arbeit, in der er sich verschiedene Bereiche seiner Persönlichkeit bewußt machen wird, um so seine Stärken klarer zu sehen und konkret zu bearbeitende Themen zu formulieren.

Da es um ein umfassendes Bild geht, wähle ich einen breit angelegten Einstieg: Christian soll über sich erzählen – was er im beruflichen Kontext tut, was er gut kann oder weiterentwickeln möchte und was ihm wichtig ist (Werte, Motive, Überzeugungen). Ich schreibe die Schlüsselwörter mit und wir ordnen sie danach gemeinsam den Ebenen der Persönlichkeit zu.

Und so sieht Christians Persönlichkeits-Panorama aus:

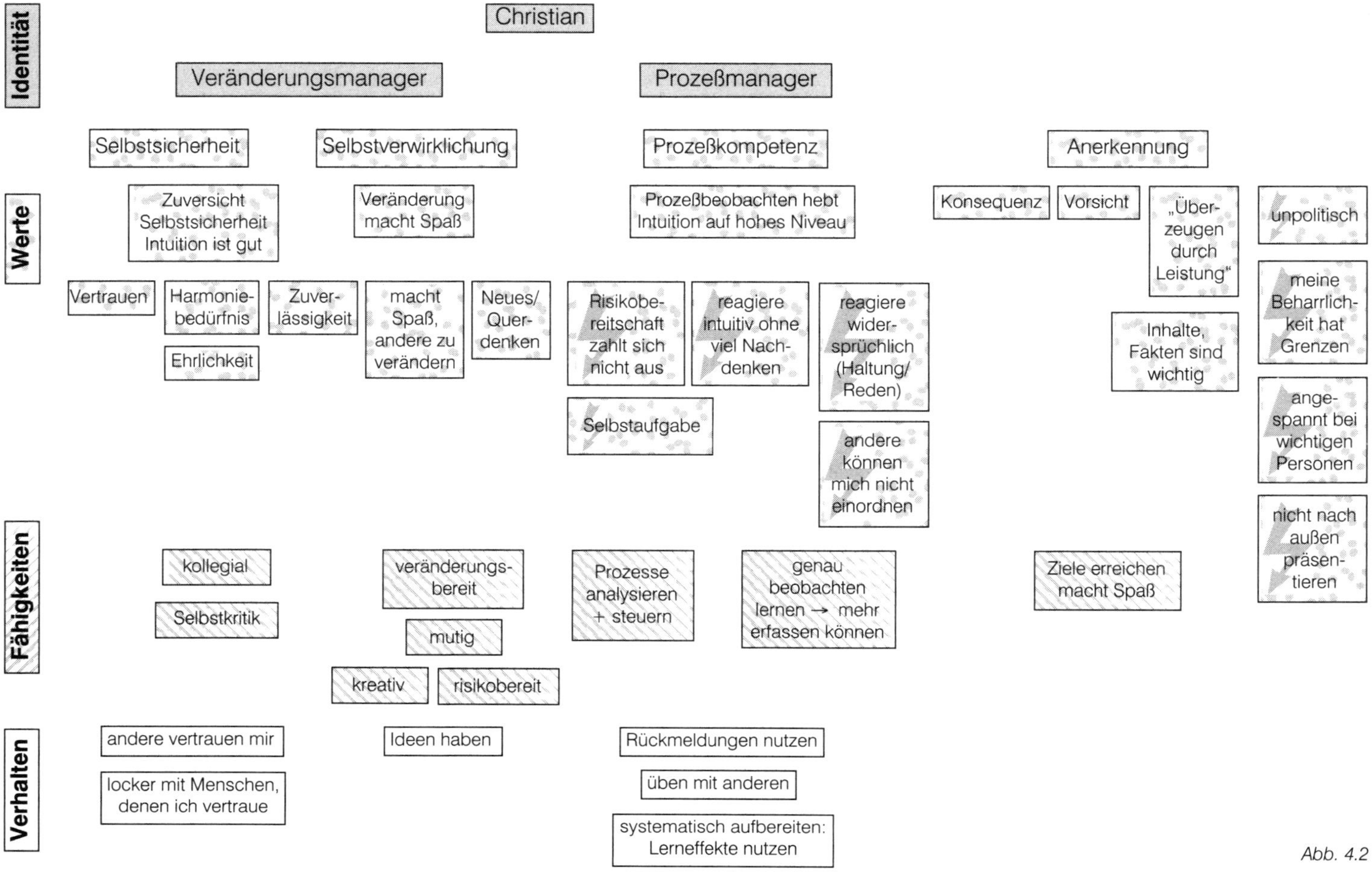

Christian

Identität: Veränderungsmanager | Prozeßmanager

Werte:
- Selbstsicherheit
  - Zuversicht Selbstsicherheit Intuition ist gut
  - Vertrauen
  - Harmoniebedürfnis
  - Ehrlichkeit
  - Zuverlässigkeit
- Selbstverwirklichung
  - Veränderung macht Spaß
  - macht Spaß, andere zu verändern
  - Neues/Querdenken
- Prozeßkompetenz
  - Prozeßbeobachten hebt Intuition auf hohes Niveau
  - Risikobereitschaft zahlt sich nicht aus
  - reagiere intuitiv ohne viel Nachdenken
  - reagiere widersprüchlich (Haltung/Reden)
  - andere können mich nicht einordnen
  - Selbstaufgabe
- Anerkennung
  - Konsequenz
  - Vorsicht
  - "Überzeugen durch Leistung"
  - Inhalte, Fakten sind wichtig
  - unpolitisch
  - meine Beharrlichkeit hat Grenzen
  - angespannt bei wichtigen Personen
  - nicht nach außen präsentieren

Fähigkeiten:
- kollegial
- Selbstkritik
- veränderungsbereit
- mutig
- risikobereit
- kreativ
- Ideen haben
- genau beobachten lernen → mehr erfassen können
- Prozesse analysieren + steuern
- Ziele erreichen macht Spaß

Verhalten:
- andere vertrauen mir
- locker mit Menschen, denen ich vertraue
- Rückmeldungen nutzen
- üben mit anderen
- systematisch aufbereiten: Lerneffekte nutzen

Abb. 4.2

98 • Persönlichkeits-Panorama

Das Panorama zeigt klar Christians zentrale berufliche Rollen. Er beschreibt sich einerseits als **Veränderungsmanager**, andererseits als **Prozeßmanager**. Sein Veränderungsmanagement gründet sich auf zwei Säulen: *Selbstsicherheit* und *Selbstverwirklichung*. Als Prozeßmanager stehen die Werte *Prozeßkompetenz* und *Anerkennung* im Vordergrund.

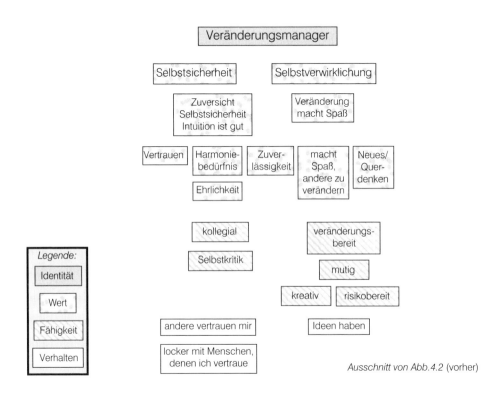

Ausschnitt von Abb. 4.2 (vorher)

Betrachten wir zunächst die linke Seite des Panoramas, so fällt auf, daß dieser Bereich sehr ausgewogen wirkt. Auf allen Ebenen sind Inhalte angegeben, und alle diese Inhalte werden von Christian positiv bewertet.

➤ Christian erlebt sich locker mit Menschen, denen er vertraut. Ebenso macht er die Erfahrung, daß ihm andere Menschen vertrauen. Über diesen Verhaltensbausteinen ordnet er die Fähigkeiten „kollegial" und „Selbstkritik" an, und darüber liegt ein symmetrischer Bereich aus mehreren Werten: Vertrauen, Ehrlichkeit, Zuverlässigkeit, Harmoniebedürfnis und „Zuversicht/Selbstsicherheit/Intuition ist gut". In der Gesamtheit sind das die Bausteine von Christians **Selbstsicherheit**, die ihn in seiner Rolle als Veränderungsmanager stützen.

➤ Ebenso ausgewogen gruppiert Christian die zweite Säule des Veränderungsmanagements: **Selbstverwirklichung** gründet sich für ihn auf das Wissen, daß Veränderung Spaß macht. Es macht ihm ebenfalls Spaß, andere zu verändern, und „Querdenken" stellt für ihn einen wichtigen Wert dar. Dabei baut er auf Fähigkeiten wie Risiko- und Veränderungsbereitschaft, Mut und Kreativität. Auf der Verhaltensebene lautet sein Fazit „Ideen haben".

Bis hierher hat Christian sämtliche Karten positiv bewertet. Die generelle Anordnung wurde von Christian zügig durchgeführt. Die präzise Plazierung der Werte-Karten war für ihn sehr wichtig, und er nahm sich Zeit, um den Platz jeder einzelnen Karte zu prüfen.

Auf der Seite des Prozeßmanagers bietet sich ein anderes Bild: In der Ebene der Fähigkeiten gibt es fünf negativ bewertete Karten, die deshalb anschließend weiterbearbeitet werden. Und „rechts außen" im Panorama findet sich ein weiterer negativer Cluster.

In der Rolle des **Prozeßmanagers** beschreibt sich Christian vom Verhalten her primär als Lernender: Er übt gezielt mit anderen, nutzt ihre Rückmeldungen und bereitet sie systematisch auf, um den Lerneffekt zu nutzen. Als Fähigkeiten setzt er dabei Prozeßanalyse und -steuerung ein; und er entwickelt seine Beobachtungsfähigkeiten, um mehr erfassen zu können. An dieser Stelle wird bereits deutlich, daß sich Christian hier mehr als Lernender denn als „Könner" erlebt. Die Problematik zeigt sich an den darauf folgenden Karten:
➤ Selbstaufgabe;
➤ Risikobereitschaft zahlt sich nicht aus;
➤ ich reagiere intuitiv ohne viel nachzudenken;
➤ ich reagiere widersprüchlich (Haltung und Rolle);
➤ andere können sich nicht so recht entscheiden.

Diese Karten bewertet Christian allesamt als negativ. Zunächst will er sie aus dem Panorama entfernen, denn sie stören das harmonische Bild, das sich auf der linken Seite bereits entwickelt hat. Doch nachdem er die Karten aus dem Panorama herausgenommen hat, erhöht sich seine Unzufriedenheit, denn nun ist in diesem Bereich eine Lücke, die ihn massiv stört.

Deshalb schlage ich Christian vor, die negativ bewerteten Karten genauer zu hinterfragen, denn offensichtlich haben sie einen wichtigen Stellenwert für das Gesamtbild. Dazu ist es zunächst nötig, daß Christian inneren Abstand gewinnt, um die Bedeutung aus einem anderen Blickwinkel zu erfahren. Er wählt dafür die Rolle eines interessierten Beobachters, der Christian gut kennt und diese Inhalte nun mit Interesse und inneren Abstand betrachtet. Diese Beobachter-Haltung erarbeiten wir gemeinsam und ankern sie, so daß sie stabil ist. Für jede einzelne Karte stellt Christian sich dann die Fragen: „Für welche Entwicklungs-Chance steht diese Karte?", „Was macht dieses Thema wichtig?"

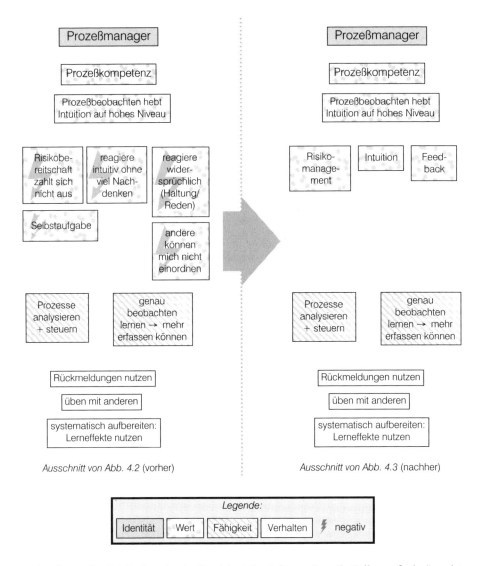

Ausschnitt von Abb. 4.2 (vorher)   Ausschnitt von Abb. 4.3 (nachher)

Die beiden Pole „Risikobereitschaft zahlt sich nicht aus" und „Selbstaufgabe" verbindet Christian nun zu einer neuen Karte „Risikomanagement". Die Intuition nimmt er als wichtigen Wert auch in diese Säule mit auf – sie kommt ja bereits in der linken

Säule weit oben vor. Und die Reaktionen auf andere bezieht er nun als „Feedback" ein und nutzt sie. So ändert Christian seinen Fokus: Statt sich darauf zu konzentrieren, ob er widersprüchlich wirkt, beobachtet er nun die Reaktionen anderer und nutzt das so erhaltene Feedback.

Sein Fazit auf der Werte-Ebene: Indem er Prozesse beobachtet, kann er die Intuition auf ein neues Niveau heben und auf diese Weise seine Prozeßkompetenz stützen.

Im rechten Bereich des Panoramas verändert sich das Bild noch weiter: Es entstehen größere Lücken. Der gesamte rechte Bereich ist insgesamt dünner besetzt. Christian siedelt hier den Wert „Anerkennung" an. Dieser setzt sich zusammen aus „Konsequenz", „Vorsicht", „Überzeugen durch Leistung" und „Präsentieren". Als einzige Fähigkeit nennt er hier „Ziele erreichen macht Spaß". Der Unterbau im Verhalten fehlt ganz.

Die Karte „Präsentieren" entsteht wiederum erst, nachdem mehrere negativ bewertete Karten bearbeitet werden:

➤ Christian erlebt sich als unpolitisch.
➤ Seine Beharrlichkeit hat Grenzen.
➤ Bei wichtigen Personen fühlt er sich angespannt.
➤ Er kann/möchte sich nicht nach außen präsentieren.

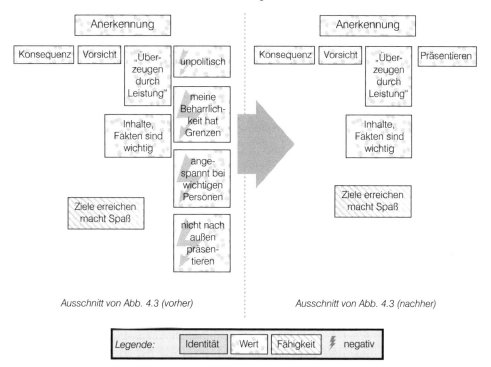

Ausschnitt von Abb. 4.3 (vorher)   Ausschnitt von Abb. 4.3 (nachher)

Aus diesen Problembeschreibungen arbeitet Christian für sich das Thema „Präsentieren" als zentrale Notwendigkeit heraus. Er siedelt es übrigens nicht auf der Fähigkeitsebene an – als etwas, das es zu lernen gilt –, sondern platziert es ausdrücklich auf der Ebene der Werte, Motive und Ziele. Dies ist ein weiteres Indiz dafür, daß sich hier ein Thema zeigt, bei dem es für ihn noch einiges zu tun gibt.

So hat sich Christians Persönlichkeits-Panorama durch die Bearbeitung der negativen Karten also in zwei Bereichen ganz wesentlich verändert. Die Karten, die er zuvor als negativ eingestuft hatte – und schon aus dem Gesamtbild herausnehmen wollte – haben ihm wesentliche Impulse gegeben, um seine weiteren Ziele und Entwicklungsfelder zu konkretisieren. Die genaue Formulierung seiner Ziele ist im Sinne des Transfers der logische Abschluss der Sitzung.

Persönlichkeits-Panorama II (Besprechung und Transfer)

In der abschließenden Besprechung des Panoramas formuliert Christian drei konkrete persönliche Entwicklungsfelder:

1. Im Bereich Selbstsicherheit/Selbstverwirklichung ist es sein Ziel, sich mehr Freiräume zu schaffen und sich zu entspannen.

2. Seinen für ihn offensichtlichen Lernbedarf im Bereich der Prozeßkompetenz will er durch gezielte Gesprächsanalyse im Rahmen einer Arbeitsgruppe decken.

3. Für den Bereich der Anerkennung durch außen entwickelt er eine Doppelstrategie. Einerseits will er Präsentationen vorbereiten, um so die Außenwirkung besser zu steuern. Andererseits geht es ihm um den Aufbau eines Netzwerks, indem er Kontakte aufbaut und pflegt.

Fazit aus der Sicht der Beraterin

Mit den drei Entwicklungsfeldern bringt Christian seine zentralen Themen klar auf den Punkt.

1. Freiräume schaffen – entspannen
Christian fühlt sich unter Zeitdruck und braucht mehr Freiraum und Entspannungsmöglichkeiten. Er wirkt im Gespräch oft abwesend, denn er ist in Gedanken versunken. Dies macht es für andere im beruflichen Kontext schwierig, ihn einzuschätzen.

Das Persönlichkeits-Panorama: die Praxis • 103

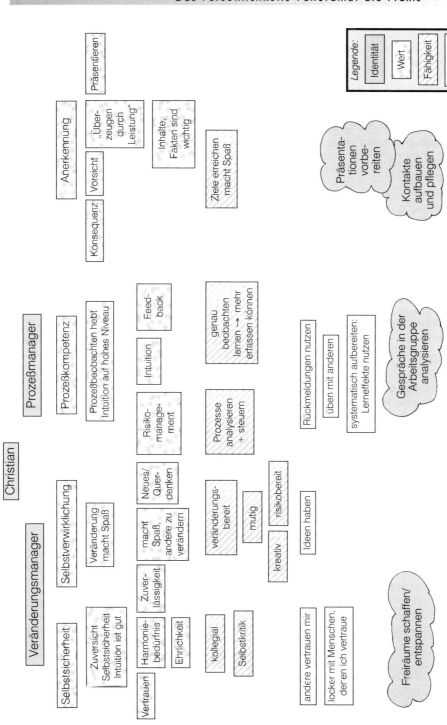

Abb. 4.3: Persönlichkeits-Panorama Christian nachher gesamt, mit Zielen

2. Gesprächsanalyse in Arbeitsgruppen
Er stellt sein Licht häufig unter den Scheffel und verkauft sich so beruflich unter Wert. Unter ständigem Druck, sich und anderen zu beweisen, was und wer er ist, blockiert er sich selbst und erlebt sich im Kontakt mit anderen als widersprüchlich und unsicher. Mit der gezielten Analyse von wichtigen Gesprächen im geschützten Rahmen einer professionellen Arbeitsgruppe kann er hier ein realistisches Selbstbild aufbauen und das Feedback anderer nutzen.

3. Präsentationen vorbereiten – Kontakte aufbauen und pflegen
Durch gutes Vorbereiten von Präsentationen einerseits und dem Aufbau eines Kontakt-Netzwerks andererseits kann er aus seinem Einzelkämpferdasein herauskommen und sich weitere Unterstützung suchen.

In nur einer Doppelstunde hat Christian so drei wesentliche Themenbereiche formuliert und gleichzeitig Lösungsansätze dafür gefunden. Diese Ansätze sind alle praxisnah und realistisch formuliert, so daß die Erfolgsaussichten durchaus gut sind.

Christian will gezielt berufliche Stress-Situationen entschärfen und seine Kompetenzen verbessern. Die innere Überzeugung: „Ich muß immer wieder beweisen, was und wer ich bin" könnte natürlich im therapeutischen Rahmen in bezug auf die eigene Lebensgeschichte aufgearbeitet werden, doch das war nicht Christians Ziel. Er kam mit klaren beruflichen Prioritäten und hat dafür mit dem Persönlichkeits-Panorama Klarheit und Ansatzpunkte zum konkreten Tun gefunden.

Was ist typisch für Christians Persönlichkeits-Panorama?

▶ Das Panorama ist für den beruflichen Kontext erarbeitet worden; dennoch weisen manche der Mosaiksteine über den rein beruflichen Bereich hinaus.

▶ Die negativ bewerteten Karten spielen eine wichtige Rolle: Wenn sie entfernt werden, klafft eine Lücke im Bild. Erst die Bearbeitung dieser Karten ist zentral für das Ergebnis der Arbeit. Durch Reframing im Sinne von Entwicklungsthemen zeigt sich die Bedeutung dieser Karten.

▶ Von der Struktur her finden wir auch hier eine klare hierarchische Gliederung. Der Aufbau ist säulenartig.

➤ Die Zuordnung der Schlüsselwörter zu den logischen Ebenen kann auf die Verhaltensnähe bestimmter Themen hinweisen. Christian ordnet „Präsentieren" nicht bei den Fähigkeiten ein als etwas, das es zu lernen gilt, sondern bei den Werten im Sinne eines Ziels oder einer Absicht. Zum konkreten Verhalten ist der Weg dadurch weiter; und es ist sicher kein Zufall, daß an dieser Stelle komplett der Verhaltensunterbau im Panorama fehlt. Für den Berater ist das ein wichtiger Hinweis für die weitere Arbeit, denn hier gilt es, den Klienten dabei zu unterstützen, Kompetenzen gezielt aufzubauen, Fähigkeiten zu entwickeln und diese dann vor allem in konkretes Verhalten umzusetzen.

Praxisbeispiel 3:
Alte Rollen verlassen – neue Rollen entwickeln (Hans)

Hans: Vorstellung und Beratungsrahmen

Hans ist Mitte fünfzig, verheiratet und hat einen erwachsenen Sohn. Er arbeitet als selbständiger Unternehmer im EDV-Bereich. Hans kommt zum Coaching, weil er mit seiner Lebensgestaltung unzufrieden ist. Es fühlt sich wie die Maus im Laufrad, von unbewußten Programmen gesteuert, und er möchte mehr bewußte Kontrolle über sein Leben gewinnen. Im Umgang mit anderen Menschen erlebt er sich als gehemmt.

Das Persönlichkeits-Panorama bildet den Einstieg in die Arbeit mit Hans. Es soll ihn zu Beginn der Beratung unterstützen, sein Selbstbild klarer zu erfahren und persönliche Schwerpunkte zu erkennen. Wenn er mehr Klarheit über sich selbst und seine zentralen Rollen gewinnen kann, wird er leichter „aus dem Laufrad aussteigen" und sein Leben zielorientiert gestalten können.

Die ersten beiden Sitzungen mit Hans werden im Folgenden ausführlich beschrieben. Beim ersten Termin wird das Persönlichkeits-Panorama erarbeitet; in der zweiten Sitzung geht es um das Aufarbeiten eines Wertekonflikts, der bereits in der ersten Sitzung zur Sprache kam. Aus diesem Grund stehen die ersten beiden Sitzungen in einem direkten inhaltlichen Zusammenhang. Die Methode der Konfliktintegration wird in diesem Praxisbeispiel detailliert dargestellt.

Termin 1: Beschreibung der Problematik des Klienten

Auf die Frage, warum er in die Beratung kommt, antwortet Hans zunächst, daß er sich „verklemmt" erlebt. Er tut sich schwer, mit anderen Menschen wirklich in Kontakt zu kommen. Durch häufige beruflich bedingte Umzüge hatte er nie Gelegenheit, einen echten Freundeskreis aufzubauen, und so lebt er relativ isoliert mit seiner Frau. Die Arbeit bildet den Mittelpunkt seines Lebens.

Obwohl Hans sich innerlich unter Druck fühlt („wie im Laufrad"), wirkt er nach außen ruhig, souverän und konzentriert. Er spricht allgemein sehr sachlich, auch über emotionale Themen, und oft schwingt dabei eine feine Selbstironie mit. Er sagt, es falle ihm nicht leicht, Zugang zu inneren Bildern oder zu Gefühlen zu bekommen.

Hans denkt, daß sich andere sowieso nicht für das, was er zu sagen hat, interessieren und verhält sich deshalb wie ein sehr ruhiger Zeitgenosse. In geselliger Runde, nach dem ersten Bier ändert sich das, und er fühlt sich lockerer, gesprächiger und entspannter. Hans möchte diese Lockerheit und Kreativität „auch ohne Bier" erreichen.

Für Hans scheint es so, als liefe sein Verhalten weitgehend nach unbewußten Programmen ab. Er möchte gern mehr bewußte Verantwortung für seine Lebensgestaltung übernehmen. Dazu gehört auch die Wahl seiner Arbeitszeit, die er als Selbständiger ja frei planen kann. Obwohl er seine Arbeitszeit gerne regelmäßig gestalten möchte, beginnt er doch oft erst abends zu arbeiten und sitzt dann bis tief in die Nacht in seinem Arbeitszimmer. Diese Regelung ist natürlich nicht sehr förderlich für sein Familienleben oder soziale Kontakte.

Persönlichkeits-Panorama

Die Arbeit am Panorama dauerte insgesamt etwa drei Stunden: 40 Minuten für die Informationssammlung, 40 Minuten für das Sortieren und gut anderthalb Stunden für das Bearbeiten und Entwickeln des endgültigen Panoramas.

Informationssammlung

Hans möchte „aus dem Laufrad herauskommen". Er will sein Leben selbst gestalten und sich nicht als Spielball unbewußter Programme erleben. Dazu ist es zunächst einmal wichtig, daß er sich über sein eigenes Selbstbild klar wird: Wer bin ich? Mit dieser Frage steigen wir ins Persönlichkeits-Panorama ein.

Auf die Frage, wer er sei, antwortet Hans zunächst einmal mit einer gut bekannten Antwort: „Ich bin EDV-Berater." Hans ist sich wenig im Klaren darüber, was er eigentlich will oder wer er ist – abgesehen von seiner beruflichen Identität als erfolgreicher EDV-Berater. Doch kurz darauf kommt er auf das zu sprechen, was ihm im Leben ganz wichtig ist: Er beschreibt sein Wertsystem, an dem er sich orientiert.

Zentrale **Werte** (beruflich **und** privat) sind für Hans extreme Ehrlichkeit, Offenheit, Würde und Ehre. Verantwortung, Verläßlichkeit und Pflichtgefühl sind für ihn sehr wichtig, ebenso persönlicher Einsatz, Können und Wertarbeit.

Hans beschreibt sich als vorsichtig und mißtrauisch. Er empfindet es als schwierig, einem anderen Menschen wirklich zu vertrauen. Oft spürt er starken Ärger – häufig auch in scheinbar banalen Situationen, wie z.B. mit dem Autofahrer, der zufällig auf der Autobahn vor ihm fährt. Dieser Ärger erscheint ihm irrational, und so leidet er doppelt darunter.

Seiner Meinung nach vermittelt Hans nach außen einen anderen Eindruck: Das Bild, das andere von ihm haben, beschreibt er mit „seriöser Geschäftsmann" oder „Charmeur" – und der Ärger, der oft in ihm brodelt, wird nach außen kaum oder gar nicht sichtbar, denn er wirkt in seinem Verhalten normalerweise sehr ruhig, zurückhaltend und souverän. Er spricht bedacht und lässt sich beim Reden Zeit zum sorgfältigen Formulieren seiner Gedanken.

Hans beschreibt sich als sensibel, verletzlich und selbstkritisch. Die Fragen: „Was habe ich falsch gemacht?" oder: „Bin ich schuld?" sind ihm wohl vertraut. Weil er Konfrontationen aber gerne meidet, sucht er dafür dann seine eigenen Erklärungen, die er selbst als „Märchen" charakterisiert.

Auf die Frage nach seinen **Fähigkeiten** kommen zahlreiche Antworten:
- diskutieren;
- erzählen, wenn ich gelöst bin;
- sehr kreativ sein („geistig rege");
- „lateral denken";
- fürsorglich sein;
- Verantwortung übernehmen (oft zu viel);
- dafür sorgen, daß es anderen gut geht (z.B. seiner Frau und seinem Sohn);
- erklären (oft sehr detailorientiert: Haarspalterei);
- Recht haben und seine Meinung durchsetzen;
- witzig und auch sarkastisch sein.

Er arbeitet nach seiner Ansicht zu viel und teilt sich seine Arbeit nicht gut ein. Wenn er weiß, was er will, kann er durchaus schnell und effizient arbeiten. Einerseits erlebt er sich dadurch als produktiv, andererseits macht ihm gerade das „Eintauchen" in eine Sache sehr viel Spaß. So kann er z.B. stundenlang mit wachsender Begeisterung im Internet surfen – und erledigt dann aber nicht die Arbeit, die aktuell ansteht. Dies bewertet er als Ineffizienz.

Hans beschreibt sich auch als sehr verspielten Typ, der gerne macht, was er will, experimentiert, Versuche macht und kreativ ist. Darin kann er sich verlieren. Sozial erlebt sich Hans als isoliert. Er lebt in seinem „Mikrokosmos" Familie. Sein Sohn ist erwachsen, daher besteht dieser Mikrokosmos eigentlich nur aus ihm und seiner Frau.

Seine Vision ist ein ruhiges, konfliktfreies Leben, das interessant, anregend und geistig erfüllt ist.

Sortieren: das Panorama entsteht

Als zentrale Rollen nennt Hans:
- Programmierer,
- Seminarleiter,
- Familien-Oberhaupt,
- Kind,
- Manager.

Er nimmt sich Zeit, um die Karten in Ruhe räumlich zu sortieren und verschiebt die einzelnen Bereiche mehrmals. In einem ersten Zwischenergebnis sieht das Panorama so aus wie in Abb. 4.4 (nächste Seite) zu erkennen.

Betrachten wir zunächst, wie Hans die Rollen angeordnet hat, so fällt ihre weit auseinander liegende Verteilung auf: In der einen Ecke liegen die Rollen des **Seminarleiters** und **Programmierers**. Sie sind von den Werten „geistig rege" und „Entwicklung" umgeben – wobei man die „Entwicklung" räumlich durchaus schon der Rolle des „Kindes" zuordnen könnte.

Diagonal entgegengesetzt platziert Hans die Rolle des **Managers**. In dessen direkter Umgebung finden sich mehrere negativ bewertete Karten:
- Meinung durchsetzen,
- ärgern, Mißtrauen,
- übersensibel,
- stur und
- emotional.

Dieser Bereich enthält nur einen einzigen Wert: Stolz.

Die Rolle des **„Kindes"** nimmt im Panorama einen relativ zentralen Platz ein und ist von vielen Werten umgeben:
- kindlich sein,
- Werte leben,
- Offenheit
- Ehre,
- Würde und
- Entwicklung.

In der dritten Ecke liegt schließlich die Rolle des „**Familien-Oberhaupts**" ganz nah bei dem zentralen Wert Respekt.

110 • Persönlichkeits-Panorama

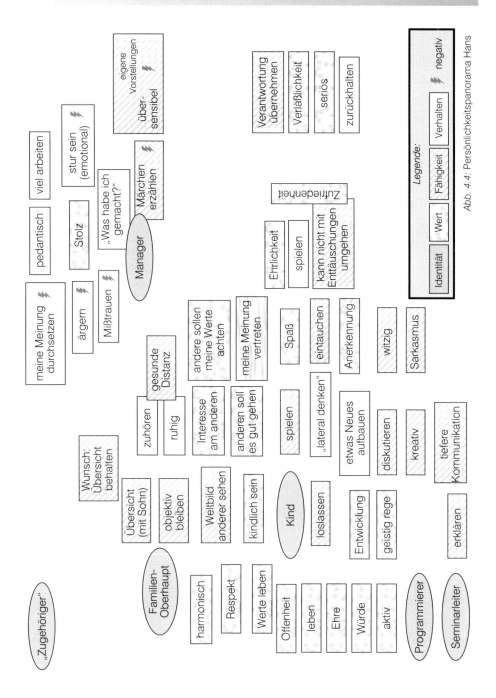

Abb. 4.4: Persönlichkeitspanorama Hans

Inhaltliches Bearbeiten negativ bewerteter Themen

Zunächst bearbeitet Hans die Themen, die er auf den Karten als negativ einstuft:
- Familien-Oberhaupt,
- Mißtrauen,
- stur/emotional sein,
- Übersicht behalten wollen,
- übersensibel/pedantisch sein.

Für diese inhaltliche Bearbeitung ist es nötig, daß Hans sich das Panorama und somit seine eigene Persönlichkeit als interessierter, aber außenstehender Beobachter ansieht. Dieses Thema des nötigen inneren Abstands wurde ja bereits im Methodenkapitel beschrieben und wird daher hier nicht weiter vertieft.

Hans schafft sich also den nötigen inneren Abstand und Überblick, um jede einzelne der negativ bewerteten Karten zu bearbeiten*. Die zentralen Fragen für diese Veränderungsarbeit lauten:

- Wofür ist es wichtig, daß diese Karte genau hier ihren Platz bekommen hat?
- Für welche Entwicklungsmöglichkeit steht sie?
- Welche positive Absicht gehört zu ihr?
- Wie paßt dieses Thema in den größeren Zusammenhang?
- Was ist die Lernchance?

Hans kann nun Schritt für Schritt jede einzelne dieser Karten auf ihren positiven Kern hin untersuchen. Dieser neue Kern-Inhalt wird dann ebenfalls auf eine Karte geschrieben und von Hans über die zuvor negativ bewertete Karte gelegt.

---

* Die Möglichkeiten, wie ein Klient hinter einem Problem seine Entwicklungs-Chance wahrnehmen und konkretisieren kann, wurde im vorhergehenden Fallbeispiel von Christian ebenfalls schon ausführlich dargestellt.

Hier die Veränderungen:

negative Karte	positiver Kern
Manager	Entscheider
Familien-Oberhaupt	unterstützender Partner
Mißtrauen	Vertrauen
stur/emotional sein	mich freuen über meine Leistung
Übersicht behalten wollen	akzeptieren
übersensibel/pedantisch sein	mich selbst ernst nehmen

Aus dieser inhaltlichen Entwicklung folgt eine gründliche Umstrukturierung des Panoramas. Hans verschiebt Karten und sortiert einzelne Bereiche völlig neu. Die Rollen liegen insgesamt nun näher an der Mitte und sind eingebettet in Werte und Fähigkeiten.

Das eigene Rollenverständnis aktualisieren

Besonders deutliche Wirkung auf das gesamte Panorama zeigt die Transformation zweier zentraler Rollen und die Ergänzung von zwei ganz neuen Rollen:

➤ Indem Hans den „**Manager**" zum „**Entscheider**" umbenennt, kann er sich mit dieser – für ihn sehr wichtigen – Rolle versöhnen und sie in neuem Licht betrachten.

➤ Eine ähnlich starke Wirkung hat die Erkenntnis, daß es für Hans eigentlich längst nicht mehr nötig ist, als Familienoberhaupt zu agieren. Sein Sohn ist erwachsen und trifft seine eigenen Entscheidungen. Seine Frau braucht auch kein „Oberhaupt", sondern einen ebenbürtigen Partner. Die auf diese Weise neu verstandene Rolle definiert Hans als „**unterstützenden Partner**".

➤ Schließlich kommen noch zwei ganz neue Rollen dazu: der **Autor** und der **Forscher**. Sie sind Hans bereits gut bekannt (er hat mehrere Fachbücher veröffentlicht), waren aber zeitweise eher in den Hintergrund getreten. Indem er diesen Rollen jetzt ihren angemessenen Platz zuweist, erfährt seine berufliche Identität eine wichtige Ergänzung.

Das Panorama sieht also am Ende dieser Veränderungsprozesse deutlich anders aus, wie man in Abb. 4.5 auf der folgenden Seite erkennen kann.

Hans' Fazit

Hans bewertet das Ergebnis dieser Arbeit als ausgewogen und stimmig. Die Begründung dafür hat mehrere Elemente: Seine zentralen Lebensprinzipien umgreifen das Panorama von beiden Seiten – „Werte leben" und „Zufriedenheit". Die Rolle des „Forschers" bringt eine Dimension hinein, die bisher fehlte und bereichert das berufliche Selbstverständnis, ebenso die Rolle des „Autors". Die Erkenntnis, daß er kein Familienoberhaupt mehr zu sein braucht, bewegt und erleichtert Hans sehr stark. So kann die Beziehung zu seiner Frau und seinem Sohn eine neue Basis bekommen.

Für Hans war die Arbeit am Panorama angenehm – obwohl sie zeitlich recht lange gedauert hat –, weil er eine Gelegenheit hatte, viel über sich zu erzählen. Da er sich sonst eher als verschlossen und schweigsam erlebt, hat ihm dieser kontinuierliche Gesprächsprozess sehr gut getan. Er erlebte dabei, wie ein Gedanke auf dem anderen aufbaut, und konnte sich neue Aspekte und neue Bereiche seiner Persönlichkeit erschließen. Er betont besonders, daß er durch das Panorama viele neue Möglichkeiten entdeckt hat, wo er Veränderungen initiieren kann. Er fühlt sich jetzt deutlich motivierter, diese Ideen auch wirklich in die Tat umzusetzen.

Besonders wichtig sind Hans folgende drei Punkte:

1. Indem er die überholte Rolle des „Familienoberhaupts" auf den aktuellen Stand gebracht hat und als **„unterstützender Partner"** umformuliert, wird für Hans seine reale Verantwortung klarer. Er muß sich nicht mehr in erster Linie für seine Frau und seinen (erwachsenen!) Sohn komplett verantwortlich fühlen, sondern kann seine eigenen Ziele neu bestimmen und damit sich selbst ernst nehmen. Indem Hans sich klar darüber wird, was er selbst eigentlich möchte, kann er aus dem „Laufrad" aussteigen.

2. Es wird für Hans zunehmend wichtig, das Weltbild anderer bewußt wahrzunehmen und zu respektieren. So kann er das Thema „Ärger" von einer anderen Seite her angehen, indem er erkennt und achtet, daß andere Menschen andere Werte haben und verwirklichen wollen. Er braucht sich darüber nicht zwangsläufig zu ärgern, sondern kann diese Unterschiede zwischen ihm und anderen Menschen bewußt erkennen und entsprechend reagieren – ohne Ärger. Im Panorama ist seine Strategie dafür erkennbar – die Schlüsselbegriffe der Karten sind jeweils gekennzeichnet:

114 • Persönlichkeits-Panorama

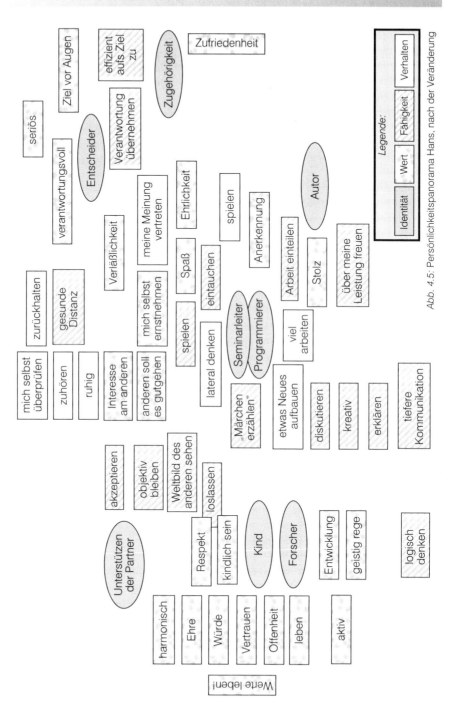

Abb. 4.5: Persönlichkeitspanorama Hans, nach der Veränderung

➤ Das **Weltbild des anderen sehen**: Hans nimmt bewußt die Unterschiede wahr.
➤ Dies macht er mit einer Grundhaltung des **Respekts** gegenüber der anderen Person. Gleichzeitig übt er sich im **Loslassen**.
➤ Indem er **objektiv bleibt**, ist er sich weiterhin bewußt, daß seine Sicht der Welt möglicherweise eine andere ist als die seines Gesprächspartners.
➤ So kann er die Realität mit ihren Facetten leichter **akzeptieren** und braucht sich nicht mehr zu ärgern.

3. Indem Hans die Rolle des „Managers" zum **„Entscheider"** weiterentwickelt hat, konnte er sich mit einer seiner zentralen Rollen aussöhnen. Ein Manager war ihm bisher immer suspekt, weil dabei für ihn klar die Profit-Orientierung im Vordergrund stand – was für ihn ein deutlicher Widerspruch zu seinen Werten wie Ehre, Würde und Respekt war. Als „Entscheider" kann er sich nun wesentlich besser mit der Rolle identifizieren, denn das beinhaltet Seriosität und Verantwortungsbewußtsein und steht im Einklang mit seinen Werten. Damit fühlt er sich wohl.

Termin 2: Auswirkungen des Persönlichkeits-Panoramas und Konflikt-Integration

Nach den Auswirkungen des Persönlichkeits-Panoramas gefragt, hat Hans in der zweiten Sitzung eine Menge zu erzählen. Insgesamt hat ihn das Panorama stark zum Denken angeregt. Er hatte das große Bild mit allen aufgeklebten Karten über mehrere Tage in seinem Arbeitszimmer aufgehängt, um sich immer wieder damit zu beschäftigen. Vor allem die Veränderung in seinen als zentral erlebten Rollen beschäftigte ihn – am meisten die Transformation der alten Rolle „Familienoberhaupt" zu der neuen Rolle des „Partners".

In dieser neuen Rolle des Partners hatte er auch ganz konkrete Veränderungen bei sich beobachten können. In einem Gespräch mit seinem erwachsenen Sohn erlebte er eine deutlich andere Atmosphäre, verglichen mit dem, was er sonst in dieser Beziehung gewohnt war. Hans fühlte sich gegenüber seinem Sohn in einem partnerschaftlichen Verhältnis – wohl zum ersten Mal. Als Familienoberhaupt war Hans es bisher gewohnt, gegenüber seinem Sohn den Ton anzugeben und zu bestimmen, wo es langgeht. In diesem Gespräch fragte Hans nun seinen Sohn häufig nach dessen Meinung zum Gesprächsthema und bemerkte, daß es ihm viel leichter fiel, seinem Sohn mit Interesse zuzuhören. Dieses Interesse, das Zuhören und Ernstnehmen des Sohnes, erschien ihm selbst im Rückblick auf das Gespräch wesentlich stimmiger als das überholte „Tonangeben" des Patriarchen. – Diese Veränderung erlebte Hans übrigens nicht nur selbst, sondern sie war auch nach außen wahrnehmbar: Sein Sohn sprach ihn auf die Veränderung an, die ihm am Verhalten seines Vaters und im Gesprächsklima aufgefallen war.

Ein Thema ist für Hans noch offen und interessant: die Frage der Zugehörigkeit. Von den logischen Ebenen her ist die Zugehörigkeit ja über der Ebene der Identität angesiedelt und beschreibt die Dimension, mit wem oder was sich der Einzelne verbunden fühlt. Diese Zugehörigkeit gibt der Selbst-Definition einen weiteren Rahmen und in vielen Fällen auch einen tieferen Sinn. Für Hans ist noch unklar, wem er sich zugehörig fühlt. Dieses Thema will er vorerst zurückstellen und vertraut darauf, daß ihm die Lösung zum richtigen Zeitpunkt bewußt werden wird.

Die Arbeit am eigenen Persönlichkeits-Panorama hat Hans seine Werte klarer erkennen lassen. Er ist sich stärker dessen bewußt, was wichtig für ihn ist. Speziell faszinieren ihn die Bereiche, die er mit den Rollen des Kindes und des Forschers beschrieben hatte. Die Panorama-Arbeit hat ihm einerseits seine Werte klarer gezeigt, andererseits haben eben diese Werte einen subjektiv sinnvollen „Unterbau" bekommen. Dies wird für Hans zum Beispiel an der Manager-Rolle deutlich. Vorher hatte der Manager für ihn eindeutig einen negativen Beigeschmack: einer, dem es nur auf Geld und Profit ankommt. Indem er für sich die Rolle zum „seriösen Entscheider" gewandelt hatte, bekam sie einen anderen Sinn: Die Werte Verantwortungsbewußtsein, Seriosität und Zielorientierung geben ihr eine ganz andere Bedeutung. Für Hans bedeutet dies, daß er sich mit einer wichtigen Rolle, die bisher alles andere als beliebt bei ihm war, auf neue Weise identifizieren kann. Nach diesen Werten kann er sein eigenes Verhalten und das von anderen beurteilen und prüfen, wie stimmig es ihm erscheint. Für die konkrete berufliche Arbeit von Hans wird diese Veränderung beträchtliche Konsequenzen haben, denn er fühlt sich nun motiviert, seine Aufgabe als Manager seiner Firma mit diesem neuen Verständnis anzugehen.

Insgesamt beschreibt Hans die Auswirkungen des Persönlichkeits-Panoramas damit, daß er sich über vieles klarer geworden ist. Sein Selbstbild ist gefestigter, und er kann es – und damit sich selbst – besser verstehen. Dieses Ergebnis ist für ihn wichtig und bedeutet einen großen Fortschritt. Zu Beginn der Beratung hatte er als Ziel formuliert, mehr bewußte Kontrolle über sein Leben zu bekommen. Dieses Ziel hat er erreicht, und zusätzlich hat er ein tieferes Verständnis darüber gewonnen, was für ihn in seinem Leben wirklich wichtig ist. Damit kann er die Kontrolle ein wenig zurückstellen und sich auf seine Wünsche und Ziele konzentrieren.

Nach außen wirkt Hans entspannter als in der ersten Stunde. Ruhig hatte er auch damals gewirkt, doch war es eher eine „gespannte Ruhe", und nun sitzt und spricht er wesentlich entspannter.

Thema der 2. Stunde: Innerer Konflikt

Als Thema für diese Stunde wählt Hans eines, das er bereits im Persönlichkeits-Panorama angesprochen hatte. Er fühlt sich in manchen Situationen von unbewußten Programmen gesteuert. So trinkt er beispielsweise regelmäßig am Nachmittag Bier – obwohl er weiß, daß er daraufhin unweigerlich müde wird, einen Nachmittagsschlaf einlegt und dann erst abends anfängt zu arbeiten. So sitzt er oft bis tief in die Nacht an der Arbeit. Er erlebt sich dabei als unkontrolliert, so als könne er sich nicht selbst steuern. Es ist ihm bisher nicht möglich gewesen, das Bier auf den Abend zu verschieben und die Arbeit vorzuziehen, obwohl er handfeste Gründe dafür hätte. Sein Ziel ist es nun, nicht nur aus dem Bauch heraus zu entscheiden („Jetzt sofort ein Bier ..."), sondern bewußt und kontrolliert zu handeln: „Zuerst arbeiten, dann heute Abend zum Abschluss ein Bier." Einerseits will er sich an solche persönlichen Regeln halten, andererseits „ertappt" er sich dann doch bei der sofortigen Bedürfnis-Erfüllung. Seine Eß- und Bewegungsgewohnheiten ordnet Hans ebenfalls in diesen Kontext ein.

Bei dieser Thematik handelt es sich um einen inneren Konflikt. Sofortige Bedürfniserfüllung einerseits steht dem bewußten Entscheiden andererseits gegenüber. Wir arbeiten daran mit der Methode der Konfliktintegration nach Robert Dilts.

Diese Methode haben Sie im Methoden-Kapitel bereits kennengelernt. Hier noch einmal die wesentlichen Schritte des Prozesses im Überblick:

Konflikt-Integration nach Robert Dilts
Zusammenfassung

1. Identifizieren der Anteile, die miteinander in Konflikt liegen
Identifizieren Sie die beiden Teile, die in Konflikt liegen.
Finden Sie dafür zwei Plätze im Raum (A/B).

2. Gute Absichten
Versetzen Sie sich in den einen Teil hinein (A) und beschreiben Sie als
Teil A Ihre Überzeugungen, Motive und Ziele.
Was halten Sie vom Teil B?
Nennen Sie Ihre gute Absicht für die Gesamtpersönlichkeit.
Geben Sie dann dem Teil A eventuell einen neuen, positiven Namen, der seine gute Absicht deutlich macht.
Wiederholen Sie diese Einzelschritte dann für den anderen Teil (B).

3. Das gemeinsame Ziel
Beschreiben Sie von außen, was A und B verbindet.

Welche Überzeugung gilt für beide gleichermaßen?
Welches gemeinsame Ziel haben beide Teile?

4. Ressourcen-Transfer
Identifizieren Sie die Ressourcen beider Teile.
Was hat A, das B fehlt, und umgekehrt?
Finden Sie einen Weg zum gegenseitigen Austausch dieser Ressourcen (Geschenke).

5. Integration
Gehen Sie langsam zwischen A und B hin und her. Spüren Sie den Übergang.
Von diesem Punkt des Übergangs aus machen Sie dann einen Schritt nach vorne, um wahrzunehmen, wie sich beide Teile vereinen. So entsteht etwas Neues: Beide Teile verschmelzen in einer neuen, vollständigen Qualität. Nehmen Sie sich Zeit, um die Integration mit allen Sinnen wahrzunehmen.

6. Zukunftssicherung
Wie wird es sein, wenn Sie mit diesen neuen Erfahrungen in die Zukunft gehen? Prüfen Sie dies an verschiedenen konkreten Situationen: Was wird anders sein – für Sie, für Ihre Familie, in Ihrem Beruf ...?

1. Identifizieren der Persönlichkeitsanteile, die miteinander in Konflikt liegen

Zunächst benennt Hans die beiden Persönlichkeitsanteile, die miteinander in Konflikt liegen. Die beiden Pole definiert er als „**Kind**", das die sofortige Bedürfnisbefriedigung will, und „**Erwachsenen**", der weiß, daß sich mit Ruhe und Reflexion unter Umständen bessere Entscheidungen treffen lassen.

Diese beiden Persönlichkeitsanteile werden nun im Raum positioniert: Hans sieht das „Kind" neben sich auf dem Boden und den „Erwachsenen" links vor sich auf einem Stuhl sitzen.

Erwachsener	Kind
Seine zentrale Überzeugung ist: „Man muss nicht immer alles gleich haben. Warten lohnt sich, denn man kann dadurch oft bessere Entscheidungen treffen." Er nutzt Denken und Logik.	Hier sieht Hans sich selbst als 7jähriges „Nesthäkchen" der Familie, der es gewohnt ist, jeden Wunsch sofort erfüllt zu bekommen. Das bereitet ihm Spaß. Als zentrale Werte beschreibt er hier „Freude", „Spaß" und „unmittelbare Befriedigung". So bekommt er Sicherheit, denn er sieht sofort, was er hat.

2. Gute Absichten formulieren

Auf die Frage nach ihrer guten Absicht geben beide Teile längst nicht so unterschiedliche Antworten, wie es nach dem ersten Schritt zu erwarten gewesen wäre. Beiden Teilen geht es im Grunde um die Sicherheit von Hans.

Erwachsener: gute Absicht	Kind: gute Absicht
Wohlbefinden materielle Sicherheit Ansehen	Sicherheit

Um mit zwei Polaritäten weiterzuarbeiten, ist es wichtig, daß der Klient sie als zwei wenigstens annähernd ebenbürtige Partner definiert hat. Ist einer der beiden Anteile wesentlich kleiner/jünger/schwächer als der andere, kann es zu keiner echten Integration kommen, da die Machtverhältnisse zu unterschiedlich sind. Fritz Perls, der Begründer der Gestalttherapie, sprach in diesem Zusammenhang vom „Topdog", der dem „Underdog" überlegen ist und über ihn bestimmt. Bei einem derartigen Mißverhältnis siegt der Stärkere über den Schwächeren – der Konflikt wird also nur vertagt und wird ein andermal mit unverminderter Heftigkeit wieder aufflammen.

Bei Hans fällt der große Altersunterschied der beiden Anteile auf: einer ist ein kleines Kind, der andere ein Erwachsener. Um im Prozeß weiterzuarbeiten, ist es zunächst einmal notwendig, beide Teile etwa auf das gleiche Alter heranwachsen zu lassen. Auf die Frage, was der Kleine denn braucht, um erwachsen zu werden, nennt Hans „Zeit" und „Lebenserfahrung". Wie kann das Kind beides erhalten? Hans meint, daß es genügt, den kleinen Jungen heranwachsen zu sehen. Er läßt also vor seinem inneren Auge einen Film ablaufen, in dem er beobachtet, wie das Kind Hans größer und älter wird und sich Lebenserfahrung aneignet. – Falls der Klient übrigens an dieser Stelle andere Ressourcen anspricht, die nicht nur mit dem zeitlichen Älterwerden zu tun haben, sondern darüber hinaus inhaltliche Qualitäten beinhalten (z.B. Vertrauen oder Ähnliches), werden diese in geeigneter Weise erarbeitet, geankert und dem „kleineren" Anteil zugänglich gemacht, so daß dieser heranwachsen kann.

Auffallend ist für Hans, daß der innere Film, in dem das Kind heranwächst, leicht für ihn vorstellbar ist und ganz kontinuierlich abläuft. Der „kleine Hans" wird also größer. Im Alter von ca. 18 Jahren stoppt der Film kurz, und Hans sieht eine Szene vor sich, wie er damals unbedingt ein Moped haben wollte. Dabei ging es ihm einerseits um Spaß, den er unbedingt sofort haben wollte. Andererseits bedeutete das Moped auch eine gewisse Zugehörigkeit zu den Großen, was ihm damals wichtig war. Hier taucht also kurz dieses Thema der Zugehörigkeit wieder auf.

Auf diese Weise wächst der Anteil heran. Hans sieht seine berufliche Entwicklung, in der er einen „kometenhaften Aufstieg" gemacht hatte. Vieles fiel ihm in dieser Phase scheinbar von allein in den Schoß. Am Ende dieses inneren Films nach dem Alter des Persönlichkeitsanteils befragt, nennt Hans spontan das Alter von 40 Jahren – genauso alt wie der Gegenpart ist, der erwachsene Denker. Diesen Anteil benennt Hans mit dem Namen „Der ruhige Berater".

Natürlich können wir bei dem anderen Teil jetzt nicht mehr vom „Kind" sprechen, denn die Repräsentation des Persönlichkeitsanteils ist älter geworden. Deshalb gibt Hans diesem Pol einen neuen Namen: „Der erfolgreiche Macher".

„Der ruhige Berater"	„Der erfolgreiche Macher"
Er entspricht dem, was Hans zuvor beim „Erwachsenen" beschrieben hatte: logisches Denken, Geduld, Abwägen.	Seine gute Absicht präzisiert Hans noch einmal: Der Macher will, daß es Hans gut geht. „Du hast das verdient – du brauchst nicht zu warten" lautet seine Devise. Warten ist für ihn noch gleichbedeutend mit Angst, etwas vielleicht doch nicht zu bekommen.

Nun sind also beide „Parteien" am Verhandlungstisch. Jeder ist mit seinen zentralen Werten und vor allem mit seinem Ziel, d.h. seiner guten Absicht vertreten. In der nächsten Phase der Konfliktintegration geht es nun darum, daß beide Teile miteinander Kontakt aufnehmen. Welches Bild hat der eine Anteil vom anderen? Welche Stärken haben die beiden – wo könnten sie voneinander profitieren?

„Der ruhige Berater"	„Der erfolgreiche Macher"
Er wirkt nach außen konservativ und fast unbeteiligt.	Seine Wirkung ist hektisch, aktionsorientiert und rastlos.

3. Gemeinsames Ziel beider Teile

Beide Teile haben zuvor ihr Ziel genannt. Jetzt ist die Frage, welches gemeinsame Ziel beide verfolgen. Möglicherweise ist es nötig, auf eine Meta-Ebene zu gehen, um dieses gemeinsame Ziel zu finden. Was ist es, das beide Anteile verbindet? Was wollen sie beide – auch wenn sie es vielleicht von verschiedenen Seiten zu erreichen versuchen?

Hans braucht nicht lange, um die Antwort darauf zu finden: Beide Teile sind an seinem Wohlbefinden orientiert, beide wollen, daß es Hans gut geht. Darin sind sich beide Teile auch sofort einig, als Hans ihre Zustimmung zu diesem gemeinsamen Ziel prüft.

„Der ruhige Berater"	„Der erfolgreiche Macher"
Gemeinsames Ziel beider Teile: Wohlbefinden von Hans	

4. Einer lernt vom anderen – Ressourcentransfer

Wenn beide Teile ein gemeinsames Ziel verfolgen, ziehen sie sozusagen an einem Strang. Sie sind also keine Gegner mehr, sondern haben ein gemeinsames Interesse. Aus diesem Grund ist es natürlich sinnvoll, wenn sie sich gegenseitig unterstützen. Die zentrale Frage ist also nun: „Was kann ein Anteil vom anderen lernen?" oder anders formuliert: „Was hat ein Anteil, das dem anderen fehlt?" Diese Stärken oder Ressourcen werden benannt und in geeigneter Weise ausgetauscht, so daß jeder Teil vom anderen lernen kann, wie er das gemeinsame Ziel noch besser unterstützen kann.

„Der ruhige Berater"	„Der erfolgreiche Macher"
Seine Stärken sind: ➤ Ruhe, ➤ Gelassenheit, ➤ Wissen, ➤ sein Erfahrungsschatz.	Seine Stärke liegt im TUN. Er hat „Drive" und ist motiviert. Er ist mittendrin im Geschehen: ein Beteiligter.

Die beiden Teile haben inzwischen erkannt, daß sie gegenseitig voneinander lernen können. Der Macher braucht die Ruhe und Gelassenheit, der Berater kann vom Beteiligtsein und der Motivation profitieren, die der andere hat.

Hans läßt diesen Ressourcentransfer ganz konkret ablaufen, indem er Geschenke austauschen läßt. Die Reihenfolge der Beteiligten bestimmt an dieser Stelle übrigens der Klient – interessant ist, daß Hans zunächst dem vormals „Kleinen" etwas übergeben läßt. Der „Erwachsene" kommt erst danach an die Reihe. Dies spricht dafür, daß das „Erwachsenwerden" des Kindes kongruent abgeschlossen ist: Beide Teile akzeptieren sich als gleichberechtigt.

Geschenk des „Machers" an den „Berater"

Der Macher läßt den Berater an seiner Motivation und Begeisterungsfähigkeit teilhaben. Hans gestaltet den Transfer dieser Ressource so, daß er als Macher zum Berater hinübergeht und ihm die Hände von hinten auf die Schultern legt. Dann versetzt sich Hans in die Rolle des Beraters hinein. Sobald er sich vorstellt, wie ihm der Macher die Hände auf die Schultern legt, geht eine sichtbare Veränderung mit ihm vor: Er richtet sich auf, atmet tiefer und schaut sich konzentriert um. Innerlich beschreibt Hans als Berater die Veränderung mit einem stärkeren Gefühl der Sicherheit. Er interessiert sich plötzlich mehr für die Welt um ihn herum – vorher war er ein außenstehender, fast teilnahmsloser Berater – jetzt fühlt er sich stärker „dabei", hat mehr Interesse und Engagement.

Geschenk des „Beraters" an den „Macher"

Der Berater signalisiert Ruhe und Gelassenheit durch eine bestimmte Handbewegung. Sobald der Macher diese Handbewegung selbst ausführt, ruft er sich innerlich zur Ruhe. Besonders hilfreich ist ihm dann die Frage: „Was hilft mir das, was ich gerade tue, um mein Ziel zu erreichen?" Die Auswirkung ist unmittelbar für Hans zu sehen: Der Macher verzettelt sich nicht mehr, indem er seine Energie in alle Richtungen versprüht, sondern er kann seine Begeisterungsfähigkeit und Motivation auf diese Weise kanalisieren. Der Körperanker der Handbewegung wird durch die Verbalstrategie ergänzt, die ihm hilft, sein Ziel im Auge zu behalten.

Neue Namen für die Teile

Durch den Ressourcentransfer haben beide Teile wesentliche Qualitäten hinzugewonnen. Aus diesem Grund ist es nun angebracht, die Benennung der Teile nochmals zu thematisieren. Sind die Namen noch angemessen, um die gute Absicht, das gemeinsame Ziel und die neu gewonnenen Ressourcen widerzuspiegeln?

Hans benennt beide Anteile spontan um:

Der „ruhige Berater" wird zum **„interessierten Berater"**. Er nimmt aktiv Anteil an seiner Umwelt und an denen, die er berät.	Der „erfolgreiche Macher" wird zum **„Persönlichkeits-Entwickler"**. Er ist aktiv, damit es Hans kurz- UND langfristig gut geht. Auffallend ist hier die veränderte Zeitperspektive: Bisher war dieser Anteil ein Vertreter sofortiger Befriedigung, jetzt kalkuliert er langfristige Effekte bewußt mit ein und kann sie mit Geduld abwarten.

5. Integration

Der nächste Schritt ist nun die Integration der beiden Anteile. Sie sind längst keine Gegner mehr, sondern haben ein gemeinsames Ziel. Um es zu erreichen, haben sie gegenseitig voneinander gelernt und ihre Ressourcen sozusagen gebündelt.

Der Schritt in die Integration entspricht an dieser Stelle im Prozeß dem natürlichen Bedürfnis des Klienten, die beiden Teile nicht mehr weiter getrennt zu halten. Dazu geht der Klient zunächst ganz konkret körperlich zwischen beiden Positionen hin und her, bis er ein Gefühl dafür bekommt, wo der Raum des einen Teils aufhört und der des anderen Teils beginnt. So kann er mehrere Male hin und herwandern, bis er schließlich in der Mitte stehenbleibt – sozusagen mit einem Bein in jedem Anteil stehend.

Der Berater bittet den Klienten dann, einen (oder mehrere) Schritte nach vorne zu machen, und dorthin zu gehen, wo sich beide Anteile zu etwas Neuem vereinigen. Diese Integrationsqualität benennt er dann verbal, um auch bisher unbewußte Anteile ins Bewußtsein zu holen.

Hans fühlt sich an diesem Integrationsplatz als „ruhiger Entwickler seiner Persönlichkeit", der zunächst ruhig überlegt, um dann mit Überzeugung zu handeln.

Auf die Frage, wie alt er sich jetzt fühlt, antwortet er: „Etwas älter, doch noch nicht im Jetzt angekommen." Um diese Zeit zu erreichen, geht er noch einige weitere Schritte vorwärts. An dem Platz, wo er sein aktuelles Alter erreicht hat, formuliert er sein Ergebnis des Prozesses: „Ich kläre mein Ziel. Wenn ich weiß, was ich will, dann tue ich es. So kanalisiere ich meine Motivation."

6. Zukunftssicherung

Als konkreten nächsten Schritt in der Realität wird Hans eine Liste aller Aktivitäten erstellen und sie nach Prioritäten sortieren. Für die nächste Stunde nehmen wir uns deshalb das Thema „Zielklärung – was will ich eigentlich?" vor.

Fazit

Sein Fazit nach dieser Arbeit, die übrigens 90 Minuten gedauert hatte:
➤ Das Visualisieren der Persönlichkeitsanteile fiel ihm leicht. Er hatte sich bisher damit eher schwergetan und war angenehm überrascht von der neuen Leichtigkeit.

➤ Wichtig war für Hans, die Entwicklung der Anteile zu erleben. Ihre Veränderung wurde durch die neuen Begriffe gut dargestellt und fand in der Integrationsposition ihren stimmigen Abschluß.

➤ Die zeitliche Dimension war während der Arbeit wichtig: Zunächst beim Heranwachsen des „Kindes", dann beim Weg zur Integration in mehreren Etappen bis zum aktuellen Alter.

➤ Die Integration beider Pole war für Hans deutlich spürbar und von außen beobachtbar.

Der weitere Beratungsverlauf

In der weiteren Arbeit mit Hans geht es um verschiedene Themen. Zunächst arbeiten wir wie geplant an Hans' Zielen. Im beruflichen Kontext erarbeitet sich Hans so eine Strategie, wie er seine neu erkannten Schwerpunkte in der Praxis umsetzt. Dazu gehört z.B., daß er seine Management-Tätigkeit in seiner Firma ausweitet und weniger Seminare selbst hält. Die Klärung dieses Themas mit seinem Geschäftspartner wird ebenso besprochen wie die langfristige berufliche Planung. Auf diese Weise setzt Hans die Neudefinition der Manager-Rolle in die Praxis um. Als Ergebnis formuliert er zum Besipiel: „Die letzte Sitzung hat sehr großen Erfolg gezeigt, beispielsweise habe ich mein Büro umorganisiert, eine Firmenstrategie entwickelt und vorgetragen, und ein neu von mir ausgeschriebenes Seminar findet statt." – Die Themen aus dem Persönlichkeits-Panorama setzen sich also logisch in den weiteren Sitzungen fort.

4.3 Das Persönlichkeits-Panorama als Bilanz einer längeren Beratungsphase

Praxisbeispiel 4: Erfolge stabilisieren (Heike)

Heike: Vorstellung und Beratungsrahmen

Heike ist 42 Jahre alt und arbeitet als freiberufliche Projektleiterin im Multimedia-Bereich. Sie kam über einen längeren Zeitraum zum persönlichen Coaching zu mir. Der erste Kontakt war eine Paarberatungssitzung, in der sie gemeinsam mit ihrem Freund an der Lösung einiger Schwierigkeiten in ihrer Beziehung arbeitete. Danach entschloss sie sich zu einer Einzelberatung, um eigene Themen intensiv angehen zu können.

Heike stand damals in einer Phase der Neuorientierung – Umzug in eine 500 Kilometer entfernte Stadt – und arbeitete ab da freiberuflich. Persönlich stand sie vor der Frage, ob sie mit ihrem langjährigen Freund zusammenziehen wollte und wie ihre Familienplanung aussehen sollte. Sie brachte den Wunsch mit, an einigen persönlichen Themen zu arbeiten, die sie selbst als belastend und einschränkend empfand.

Die Arbeit mit Heike fand über einen Zeitraum von zwei Jahren statt. Die Abstände wechselten dabei von intensiven Phasen mit wöchentlichen Terminen zu größeren Abständen zwischen den einzelnen Sitzungen.

Das Persönlichkeits-Panorama wurde in diesem Fallbeispiel als Beratungsbilanz eingesetzt. Daher wird zunächst ein Überblick über den Beratungsverlauf gegeben. Die Beratung erstreckte sich über einen längeren Zeitraum mit entsprechend vielen Inhalten; daher beschreibt dieser Überblick vor allem die Schwerpunkte der Beratung und die Entwicklung einzelner Themen. Das Persönlichkeits-Panorama bildet den Abschluß der Beratung.

Thematischer Überblick der Arbeit mit Heike

In der ersten Sitzung kam Heike zusammen mit ihrem Partner Peter zur Beratung, um Probleme in der Familiensituation zu besprechen. Peter ist geschieden und hat zwei Kinder mit 12 und 14 Jahren, die bei seiner Ex-Frau leben und ihn regelmäßig besuchen. Heike ist kinderlos. Für Heike stand die Frage im Mittelpunkt, wie sie sich in dem Beziehungsfeld zwischen Peter, seinen beiden Kindern und seiner Ex-Frau zugehörig fühlen kann und will. Das Thema „Dazugehören" war zentral für Heike. Sie fühlte sich oft ausgeschlossen, wenn Peters Kinder übers Wochenende bei ihm waren.

Nach dieser ersten Sitzung, in der Heike und Peter einige konkrete Schwierigkeiten lösen konnten, kam Heike dann zur Einzelberatung, um persönliche Themen aufzuarbeiten.

Zunächst standen für Heike ihre Arbeitssituation und eine generelle Zielfindung im Vordergrund. An ihrer alten Arbeitsstelle hatte sie den Eindruck, daß sie ihre eigenen Wünsche und Bedürfnisse zugunsten von Kollegen zurückgestellt hatte, und war damit nicht zufrieden. Eines der ersten Ergebnisse in der Beratung war Heikes Überzeugung: „Ich nehme mich selbst ernst und wichtig." Daraus leitete sich das weitere Thema der Zielfindung ab: Was wollte Heike beruflich weiter machen? Sie hatte sich mit ihrem Umzug aus dem Angestelltenverhältnis gelöst und arbeitete freiberuflich im Multimedia-Bereich. Zunehmend wichtiger wurde es ihr, ihre eigentliche „Berufung" herauszufinden, denn in ihrem derzeitigen Berufsfeld fühlte sie sich nicht voll ausgefüllt. (Zum heutigen Zeitpunkt arbeitet sie übrigens in einem ganz anderen Feld: als Beraterin und Psychotherapeutin.)

Neben der beruflichen stand immer auch die private Zielfindung für Heike im Mittelpunkt ihrer Aufmerksamkeit. Die Beziehung zu Peter war ihr wichtig und gleichzeitig stellte sie sie immer wieder in Frage. War die Beziehung wirklich tragfähig? Sollten sie in eine gemeinsame Wohnung ziehen? Oder sollte sie die Beziehung zu Peter beenden und nach „dem Richtigen" suchen? Diese Fragen beschäftigten Heike über einen längeren Zeitraum. In einer Sitzung, in der es wieder einmal um die Frage ging, ob Peter der Richtige sei, entwickelte Heike zwei Arten ihrer Zukunftsvorstellung. Sie stellte sich plastisch vor, wie ihr Leben weitergehen würde, wenn sie mit Peter zusammenbleiben würde – und wie es wäre, wenn sie ihn zugunsten von „Mister X" verlassen würde. (Mister X nannte ihn Heike deshalb, weil es völlig unklar war, wer als neuer Partner in Frage käme.) Diese beiden Lebensentwürfe erlebte Heike nun mit Hilfe der sogenannten „Lebenslinien-Arbeit"* detailliert nach. Heike erarbeitete sich in dieser Stunde ihren Lebensweg für beide Alternativen: Der Weg **mit Peter** verlief mit vielen Kurven, Biegungen und Wendungen – doch letztendlich entschied sich Heike für diesen Weg. Die Entscheidung dafür traf sie aus der Erkenntnis heraus, daß ein Weg mit **„Mister X"** nichts anderes wäre als wieder einmal eine Flucht aus einer bestehenden Beziehung. Und dieses Muster, aus einer Beziehung zu flüchten, wenn sie schwierig wurde, kannte Heike bereits aus früheren Erfahrungen und wollte sie nicht noch ein weiteres Mal wiederholen.

---

* Zu dieser Arbeit, bei der ein Klient seine persönliche Geschichte erkundet und belastende Erfahrungen verarbeiten kann, gibt es mehrere Bücher, die das Vorgehen im Einzelnen beschreiben. Daher wird an dieser Stelle nicht weiter darauf eingegangen.

Heikes Einschätzung ihrer Entscheidung für die Beziehung mit Peter im Rückblick nach 18 Monaten: „Beim Thema »Bleibe ich mit Peter zusammen?« bin ich beide möglichen Wege in die Zukunft gegangen und entschied mich für den Weg mit Peter. Ich erinnere mich noch gut an die Turbulenzen, die ich dabei spürte, ebenso wie an die höhere Qualität, als ich am Ziel war. – Manchmal spüre ich diese Gefühle im meinem Leben. Sie haben sich bewahrheitet – leider bin ich noch nicht ganz am Ziel."

Im weiteren Verlauf der Beratung gab es mehrere Sitzungen, in denen Heike konkret daran arbeitete, wie sie die Beziehung mit Peter gestalten wollte. Aus ihrer Sicht enttäuschte Peter oft ihre Erwartungen, die sie an ihn richtete. Sie litt unter seinem Verhalten, z.B. wenn er unzuverlässig oder unpünktlich war. Heike lernte in der Beratung mehr und mehr ihren eigenen Anteil zu sehen und konnte dadurch konkrete Veränderungen erreichen. Diese Veränderungen betrafen zunächst ihr eigenes Verhalten und lösten schließlich als Reaktion auch Veränderungen in Peters Verhalten aus.

Thema einiger weiterer Stunden war die Aufarbeitung belastender Kindheitserfahrungen. Heike erlebte sich als sehr geprägt von ihren Eltern, speziell der Mutter. Bestimmte „Familienaufträge" empfand sie als einschränkend und beengend. Bei der Aufarbeitung dieser Themen kristallisierten sich generell ähnliche Lösungen heraus. „Angst/Hilflosigkeit" versus „Selbstverantwortung/Entwicklung" war ein Schwerpunkt, „Schwere" im Gegensatz zur „Leichtigkeit des Lebens" ein anderer. Und generell zeigte sich, wie sehr für Heike die persönliche Weiterentwicklung und Zielorientierung im Mittelpunkt stand. Diese Themen finden sich in ihrem Panorama wieder, das den Abschluss der Beratung bildete.

Während einer Stunde arbeiteten wir mit inneren Mentoren. Heike fand für sich drei Personen, die sie als positiv wahrnahm, und nutzte deren Unterstützung. Jeder der Mentoren formulierte seine Unterstützung für Heike auf seine individuelle Weise. Der erste riet ihr: „Hab dein Ziel im Auge – sei dir klar, was du willst." Der zweite Mentor sagte ihr einfach: „Vertrau dir – du schaffst es." Und die dritte Mentorin war interessanterweise Heike selbst als „große" bzw. erwachsene Heike. Ihre Botschaft war „Mach einen Schritt nach dem anderen – sei wohlwollend mit dir."

Die Unterstützung der drei Mentoren ging also insgesamt in eine ganz ähnliche Richtung. Deshalb war die gemeinsame Botschaft der drei Mentoren recht leicht für Heike zu finden. Sie lautete: „Du bist in Ordnung und erreichst dein Ziel." Diese Überzeugung war sehr wichtig für Heike und ist es weiterhin. Das Grundprinzip der Selbstakzeptanz („Du bist in Ordnung") war von vornherein Thema in der Beratung gewesen und spiegelte sich in negativer Form zum Beispiel in den Gefühlen von Ausgeschlossen-Sein und Nicht-Dazugehören, die sie gegenüber Peter und seinen Kindern erlebte. Und Heikes Orientierung an ihren eigenen Zielen zog sich ebenfalls wie ein roter Faden durch die gesamte Beratung. Zunächst ging es um das Finden, dann um das Formulieren der eigenen Ziele, beruflich und privat. Und sobald Heike ihre Ziele geklärt hatte, konnte sie auch konkret daran arbeiten, um sie zu erreichen.

Letztendlich führte der Mentorenprozess bei Heike zu der inneren Einstellung: „Ich gehe meinen Weg." Diese Überzeugung war im weiteren Zeitverlauf wichtig, als sich ihr so bedeutender Wunsch nach einem eigenen Kind nicht erfüllte und ihre Gefühle in der Zeit danach extrem auf und ab schwankten. Heike erlebte es als große innere Stärke, sich Ziele setzen zu können und darauf zuzugehen – auch in schwierigen Lebenssituationen.

Heikes Einschätzung des Beratungsergebnisses im Rückblick: „Mit den Fortschritten bin ich zufrieden, auch wenn sie sich über Jahre erstrecken. Ich gewinne immer mehr dazu – das kann ich mir in Zukunft auch leicht machen! Im Hintergrund sehe und spüre ich die Schwere des Schicksals meiner Eltern. In diesem Zusammenhang finde ich es sinnvoll, daß meine Eltern mit (m)einem »leichten« Leben einverstanden sind und ich mögliche Entscheidungen überprüfe, die vielleicht dagegen sprechen.

Der Zeithorizont spielt auch eine wichtige Rolle. Kurzfristige Erleichterung habe ich nach jeder unserer Arbeiten gespürt; langfristige, grundlegende Erfolge überwiegend durch mehrere Sitzungen. Die Facetten der Arbeiten sind reichhaltig und nicht mit einem Mal zu erfassen."

Den Abschluß dieser vielfältigen Beratungsarbeit bildete der Einsatz des Persönlichkeits-Panoramas. Ziel war es dabei, Heike eine Überblick zu ermöglichen, so daß sie die Ergebnisse und Lernerfahrungen aus der Beratung in einem größeren Zusammenhang sehen und verstehen konnte. Dieser ganzheitliche Abschluß der Beratung unterstützt den Transfer, weil die Klientin Erkenntnisse darüber gewinnen kann, welche weiteren Entwicklungsthemen für sie persönlich bedeutsam sind und welche in der Beratung zufriedenstellend abgeschlossen werden konnten. So kann die Klientin für ihre weitere Entwicklung Selbstverantwortung übernehmen und aktiv ihre persönlichen Ziele weiterverfolgen.

Heikes Persönlichkeits-Panorama

„Wie siehst und erlebst du dich selbst, jetzt nach unserer gemeinsamen Arbeit?"*

Was ist dir wichtig, wovon bist du überzeugt?**

---

* Identität
** Werte

Welche Fähigkeiten hast du entwickelt – welche willst du noch lernen?

Was hat sich in deinem Verhalten verändert?"

Mit diesen Einstiegsfragen beginnt die Phase der Informationssammlung. Hier die zentralen Schlüsselwörter, schon nach Ebenen geordnet:

Identität:
- Ich bin Heike.
- Ich bin Frau.
- Ich bin Freundin und Konkurrentin.
- Ich bin Freundin und Vertraute.
- Ich bin Lernende.

Überzeugungen/Werte:
- Ich bin zufrieden mit mir.
- Ich bin in mir zu Hause.
- Ich fühle mich wohl und bin selbstbewußt.
- Ich habe viel erreicht.
- Ich mach's mir leicht.
- Spaß.
- Ich konzentriere mich auf mich selbst/Ich bin bei mir.
- Ich bin mutig und offen.
- Weiterentwicklung, Vorwärtskommen, Ziele erreichen.
- Lösen vom Alten, zukunftsgerichtet.
- Ich tue etwas Sinnvolles/Ich wähle einen neuen Beruf (Heilpraktikerin/psych. Beraterin).
- Klarheit.
- Sinn.
- Zueinander stehen.
- Ich will eine Beziehung.
- Ich möchte an erster Stelle stehen.
- Ich habe Platz.

Fähigkeiten:
- Ich setze mir Ziele.
- Ich gehe nach vorne, bin auf dem Weg zum Ziel.

- ➤ Ich kann gut beobachten und bekomme viel mit.
- ➤ Ich lasse meinen Partner mehr in Ruhe.
- ➤ Ich spreche lockerer und weniger streng.
- ➤ Ich bin weicher geworden.
- ➤ Ich kann gut …
  - … Aktionen in Gang bringen.
  - … den Überblick behalten.
  - … mehrere Dinge gleichzeitig machen.
  - … aufmerksam zuhören.
  - … Gedanken aufgreifen und weiterentwickeln.
  - … offen sein.
- ➤ Ich will noch lernen …
  - … loslassen.
  - … weniger kontrollieren.
- ➤ Ich bin aktiv.
- ➤ Ich kann mich entspannen und Pausen genießen.
- ➤ Ich bringe Licht hinein.

Verhaltensweisen:
- ➤ Ich nehme mir Zeit.
- ➤ Ich bin viel draußen.
- ➤ Ordnung schaffen: Aufräumen.
- ➤ Ich werde hektisch und bekomme „meinen Rappel".
- ➤ Ich habe Spaß.
- ➤ Ziele klären, Ziele setzen, Ziele erreichen.
- ➤ Überprüfen.
- ➤ Ich bin aufmerksam.
- ➤ Ich handle selbstbewußt.
- ➤ Ich ziehe mich zurück.
- ➤ Ich bin unzufrieden.
- ➤ Ich nörgele.
- ➤ Ich werde festgehalten.

Heikes Panorama (siehe Abb. 4.6, nächste Seite) ist umfangreich und umfasst viele einzelne Karten. Beim Sortieren differenziert sie diese in mehrere Bereiche. Die Anordnung ist bei ihr nicht hierarchisch von oben nach unten, sondern zentriert: Heike ordnet die wichtigsten Inhalte in der Mitte an und gruppiert die anderen Karten sternförmig darum herum. Vom Aufbau her erinnert das entstehende Bild an ein MindMap.

Das Persönlichkeits-Panorama: die Praxis • 131

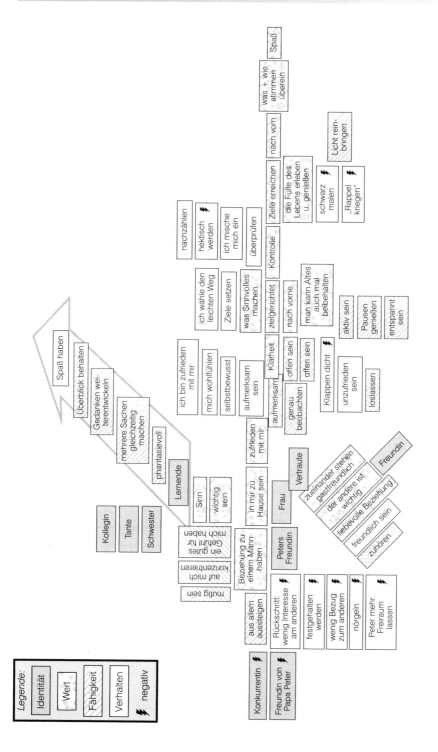

Abb. 4.6: Heikes Panorama

Heikes zentrale Rollen und ihr Umfeld

Heike formuliert mehrere zentrale Rollen für sich selbst. Im Zentrum des Bildes steht ihre Rolle als **Frau**, dicht daneben die als **Freundin von Peter** und als **Vertraute**. Neben diesen Rollen ist ihr eine weitere sehr wichtig: Sie begreift sich als **Lernende** und bringt hier interessanterweise räumlich eine neue Dimension ins Bild: Die Karten, die zur „Lernenden" gehören, ordnet sie vertikal an und lässt sie einen neuen Raum einnehmen.

Weitere Rollen ergänzt Heike erst im weiteren Verlauf der Arbeit. Sie liegen mehr am Rand des Bildes und entsprechen den sozialen Rollen: Schwester, Tante, Freundin, Kollegin. Diese Rollen haben wenig „eigene" Karten in ihrem Umfeld und liegen nach Heikes Angaben wohl eher der Vollständigkeit halber da.

Betrachten wir nun die Bereiche der zentralen Rollen im Einzelnen:

1. Heike als Frau

Ihre Rolle als Frau ist Heike sehr wichtig. Sie legt sie ins Zentrum des Bildes und bettet sie in mehrere zentrale Werte ein:

➤ Ich bin in mir zu Hause.
➤ Ich bin wichtig.
➤ Sinnhaftigkeit.
➤ Ich habe eine Beziehung zu einem Mann.
➤ Ich bin mit mir zufrieden.

Mehrere Fähigkeiten helfen ihr beim Umsetzen dieser Werte: *mutig sein, auf sich selbst konzentrieren und ein gutes Gefühl für sich selbst haben.* Hier fällt die Ausgewogenheit auf, mit der Werte und Fähigkeiten nebeneinander angeordnet sind. Heike hat konkrete Fähigkeiten entwickelt, um ihre Überzeugungen in ihrem Leben umzusetzen. Das Ergebnis ist ein stabiles Selbstwertgefühl und eine klare weibliche Identität.

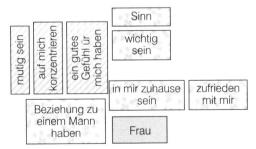

Abb. 4.7: Ausschnitt

Das Persönlichkeits-Panorama: die Praxis • 133

In der unmittelbaren Nachbarschaft der Rolle als Frau finden wir nun Heikes Rollen als Peters Freundin und als Vertraute.

2. Heike als Peters Freundin und Vertraute

Im ersten Bereich („Peters Freundin") liegen gleich fünf negativ bewertete Karten – ein Spiegel der komplexen Beziehung zwischen Peter und Heike. Heikes Situation als Freundin eines geschiedenen Vaters läßt sich hier ablesen, denn es sind zwei Rollen vertreten, die sie negativ bewertet: die **Konkurrentin** und die **Freundin von Papa Peter**.

Heike ordnet dazu mehrere ebenfalls negative Verhaltensweisen:
➤ Wenig Bezug zum anderen;
➤ Rückschritt/ mangelndes Interesse;
➤ Festgehalten werden;
➤ Nörgeln;
➤ Peter mehr Freiraum lassen,

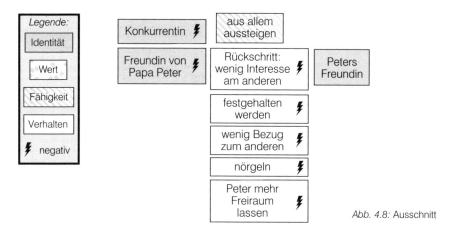

Abb. 4.8: Ausschnitt

Gewissermaßen als Oberbegriff liegt hier die Karte „**aus allem aussteigen**" (die von Heike als Fähigkeit verstanden wird). Im Licht des Beratungsverlaufs macht das durchaus Sinn, wenn wir uns an die Stunde erinnern, in der sich Heike ihre Alternativen klargemacht hatte: bei Peter bleiben oder die Beziehung beenden und einen neuen Partner suchen. Die negativen Karten in diesem Kontext zeigen natürlich auch, daß die Beziehung zu Peter für Heike noch nicht befriedigend ist. Nach wie vor bleiben hier noch einige ungelöste Themen – denn die Lösung hängt ja nicht allein von Heike ab. Peters Gestaltung der Beziehung und seine Ziele spielen hier eine ebenso entscheidende Rolle. Für die Vorstellung im Rahmen dieses Buches soll die Paarberatung von Heike und

Peter allerdings nicht weiter angesprochen werden, denn das würde diesen Rahmen sprengen. Bei der inhaltlichen Bearbeitung sollen daher Heikes Anteil und ihre persönliche Lösung im Vordergrund stehen. Dazu gleich mehr, zunächst noch ein weiterer interessanter Bereich von Heikes Panorama.

Heike benennt als weitere wichtige Rolle die der „Vertrauten" und der „Freundin". In diesem Rollenkontext liegen keinerlei negativ bewertete Karten, sondern zentrale Werte, die ihr sehr wichtig sind:
➤ Zueinander stehen;
➤ Gastfreundschaft;
➤ „Der andere ist wichtig";
➤ Freundlichkeit;
➤ Zuhören.

Dieser Bereich grenzt eng an die Felder „Frau" und „Peters Freundin" an. Das verdeutlicht Heikes grundlegende Einstellung zu Kontakt und Nähe. Sobald sie die Konkurrenzproblematik für sich lösen kann, ist ihr genau diese Nähe möglich – auch und gerade in der Beziehung mit Peter. Ein weiterer Hinweis auf die grundlegende und stabilisierende Bedeutung dieser Rollen-Aspekte ist die Tatsache, daß die Karten in diesem Bereich trotz mehrerer Veränderungen in anderen Bereichen konstant bleiben.

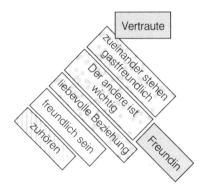

Abb. 4.9: Ausschnitt

3. Heike als Lernende
Ihrem Verständnis von sich selbst als Lernende kommt für Heike eine zentrale Bedeutung zu. Sie erschließt mit diesen Karten eine neue räumliche Dimension und ordnet sie vertikal an:
➤ Phantasievoll;
➤ mehrere Sachen gleichzeitig machen;
➤ Gedanken weiterentwickeln;

➤ Überblick behalten;
➤ Spaß haben.

„Spaß haben" steht gewissermaßen als Motto über den Fähigkeiten, die Heike hier anordnet. Diese Elemente beschreiben ihre Lebenseinstellung und ihr individuelles Selbstverständnis und sind ihr sehr wichtig – daher auch der exponierte Platz.

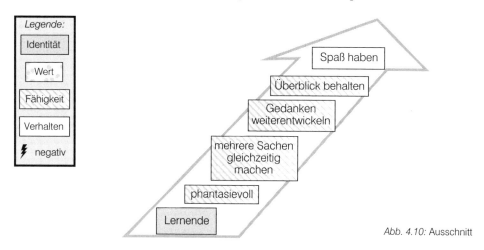

Abb. 4.10: Ausschnitt

Vom Zentrum des Panoramas aus gehen nun viele verschiedene Karten nach rechts. Hier fällt ebenfalls wieder die Ausgewogenheit auf, die zwischen allen Bereichen der Persönlichkeit herrscht: Die **Werte** bilden gewissermaßen den roten Faden, um den herum sich die **Fähigkeiten** und **Verhaltensweisen** gruppieren.

➤ In diesem großen Bereich finden sich wiederum einige negativ bewertete Karten: „Klappen dicht" als Beschreibung ihrer Rückzugs-Strategie,
➤ „hektisch werden" als konkreter Ausdruck von Unklarheit und
➤ „schwarz malen"/„Es ist nie genug" als negative Denkmuster.

Gemessen an der Anzahl der übrigen Karten in diesem Bereich (35 Stück) sind diese vier sehr wenig negative Wertungen. Ihre inhaltliche Bearbeitung wird ebenfalls gleich beschrieben werden.

136 • Persönlichkeits-Panorama

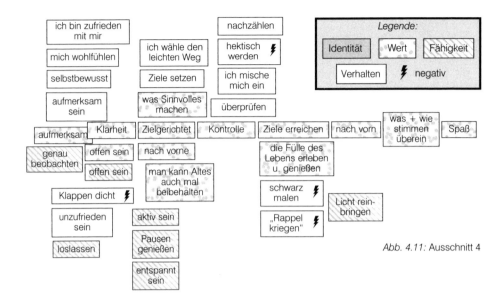

Abb. 4.11: Ausschnitt 4

Inhaltliche Bearbeitung der negativen Karten

Die negativ bewerteten Karten werden von Heike nun der Reihe nach bearbeitet. Dabei geht es jedes Mal um die Frage, welcher Lernschritt sich hinter der negativen Karte verbirgt. Wozu ist es wichtig, daß diese Karte hier im Bild liegt, auch wenn sie negative Gefühle auslöst? Welches Thema wird dadurch angesprochen, das für Heike in ihrer Weiterentwicklung wichtig ist? Was ist der positive Kern?

Heike erarbeitet sich sehr schnell diese Lernchancen aus den verschiedenen Karten. Es ist interessant, daß die Veränderungen inhaltlich sehr eng zusammenhängen. Als Bild bietet sich dazu eine Reihe von Dominosteinen an: Wird einer angestoßen und fällt um, so gibt er diesen Impuls weiter und die Bewegung läuft durch die ganze Reihe.

Zunächst Heikes Lösungen für die negativ bewerteten Karten aus dem Rollenbereich „Peters Freundin":

▶ *Aus allem aussteigen/Rückschritt/mangelndes Interesse am anderen*
Die gute Absicht hinter diesen negativ bewerteten Karten ist für Heike offensichtlich: Es geht um die Frage, ob sie sich eindeutig für die Beziehung mit Peter entscheiden will. Und so ist die Transformation ganz konkret und klar – die neuen Karten heißen für Heike **zueinander stehen** und **zusammen sein und -bleiben**. Dies betont ihre bewußte Entscheidung für die Beziehung mit Peter.

▶ Wenig Bezug zum anderen

Mit dieser Karte beschreibt Heike ihre Unzufriedenheit über das Nebeneinander-Herleben in der Beziehung. Jeder der beiden hat seinen eigenen Alltag und Lebensbereich – wo bleiben da noch Gemeinsamkeiten?

Heikes Reframing ist einfach und treffend: **Sich Zeit geben**, und zwar **gemeinsam und allein**.

Statt mit diffuser Unzufriedenheit zu leben, wird Heike sich gezielt Zeit lassen, die sie selbst nach ihren Bedürfnissen gestaltet. Und ebenso wird sie Peter vorschlagen, gezielt Zeit gemeinsam zu verbringen. – So kann das verschwommene Gefühl der Unzufriedenheit ein klarer Anstoß zur Veränderung sein und zum bewußten Umgang miteinander. Eine Fähigkeit, die sie in anderen Bereichen zur Verfügung hat, kann ihr ebenfalls als Hilfe dienen: Es geht darum, *sich auf sich zu besinnen*. Diese Fähigkeit ist wichtig für sie, wenn sie ihre Zeit alleine bewußt gestalten will.

▶ Peter mehr Freiraum lassen/Festgehalten werden

Wenn Heike diese Veränderung zuläßt, die eben beschrieben wurde, hat das konkrete Auswirkungen auf zwei weitere negative Karten, die direkt in der Nachbarschaft liegen: Peter mehr Freiraum lassen und festgehalten werden. Beide Karten beschreiben die Problematik der Nähe in der Beziehung von zwei verschiedenen Seiten aus.

Heike gruppiert an dieser Stelle einiges in ihrem Panorama um: Als weitere Stärken, die ihr hier helfen können, holt sie die Zielorientierung und die Werte Offenheit, Vertrauen und Klarheit dazu. So nutzt Heike ihre Stärken aus anderen Bereichen, um ein konkretes Ziel im Alltag mit Peter zu erreichen.

▶ Nörgeln

Die Veränderung bei diesen Karten ist die logische Folge der bereits beschriebenen Reframings. Wenn Heike sich entscheidet, mit Peter zusammenzubleiben und die gemeinsame Zeit so bewußt gestaltet, wie oben beschrieben wurde, dann wird sie immer weniger Anlaß zum Nörgeln haben

Einer von Heikes zentralen Werten, der Spaß, wird ihr diese Veränderung erleichtern, denn sowohl Peter als auch Heike haben gern und viel Spaß miteinander.

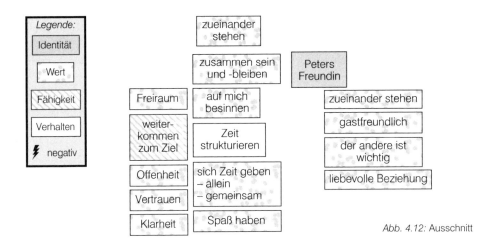

Abb. 4.12: Ausschnitt

Diese Veränderungen betreffen einen umgrenzten Bereich in Heikes Panorama: die Beziehung zu ihrem Partner. Die inhaltliche Bearbeitung hat hier zu deutlichen Verschiebungen geführt, weil Heike gezielt ihre Stärken aus anderen Feldern hergeholt hat, um konstruktiv mit den Themen umzugehen. In einem anderen Bereich des Panoramas finden sich jetzt noch einzelne negativ Karten, die Heike ebenfalls verändert.

➤ „Klappen dicht"

So beschreibt Heike ihre übliche Reaktion auf persönliche Belastung oder Verletzung. Als sie sich auf die gute Absicht konzentriert, die hinter diesem Verhalten steht, kommt sie auf eine Antwort, die ihr vertraut erscheint: bei sich sein. Wenn sie sich aufs „Dichtmachen" konzentriert, bleibt sie mit ihrer Aufmerksamkeit außenorientiert. Die Außenwelt wird als bedrohlich empfunden, und davor muß man sich schützen, indem man „dichtmacht".

Bei sich sein beschreibt einen grundlegenden Wechsel in der Richtung der Aufmerksamkeit: Statt nach außen orientiert sich Heike auf sich selbst und kann so ihre eigenen Bedürfnisse und Empfindungen klarer wahrnehmen – der erste Schritt, um sie dann auch auszudrücken und nach außen zu bringen.

➤ Hektisch werden/ Rappel kriegen

Das Reframing dieser Verhaltensweisen fällt Heike sehr leicht: Die Hektik ist ein Signal dafür, daß ihre Prioritäten im Moment nicht klar sind. Weil alles wichtig erscheint, kann sie sich ihre Zeit nicht einteilen und wird hektisch. Die positive Absicht dahinter ist der Impuls, die Prioritäten zu klären oder umfassender gesagt, ihr **Ziel zu klären**.

Wenn ihr Ziel klar ist, kann Heike entscheiden, was ihr in diesem Zusammenhang wichtig ist und ihre Prioritäten ordnen.

➤ „Es ist nie genug"

Diese Überzeugung bringt Heike aus ihrer Familiengeschichte mit. Im Beratungsverlauf hatten wir bereits daran gearbeitet, so daß es Heike nun relativ leicht fällt, den positiven Kern zu formulieren: „**Die Fülle des Lebens erleben und genießen**". Mit dieser Grundhaltung* ist es nicht mehr nötig, nach Menge oder Genügen zu urteilen, denn die Fülle und Vielfältigkeit sind entscheidend. Nicht Quantität zählt, sondern Qualität.

➤ Schwarzmalen

Als Reframing nennt Heike **Aktiv werden**: Nicht in der Stagnation verharren und Befürchtungen wachsen lassen, sondern aktiv werden und gezielt etwas tun, das sie ihrem Ziel näher bringt.

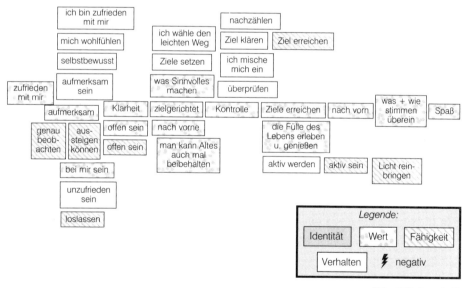

Abb. 4.13: Ausschnitt

---

* Die Arbeit mit Werten und Überzeugungen nimmt im Beratungskontext einen zentralen Raum ein. Um solche Veränderungen von persönlichen Grundhaltungen zu stabilisieren, gibt es im NLP eine Reihe verschiedener Strategien. Eine davon ist die Arbeit mit Mentoren, die Sie bereits kennen. Für weitere Strategien sind die Bücher von Robert Dilts empfehlenswert: *„Die Veränderung von Glaubenssystemen"* und *„Identität, Glaubenssysteme und Gesundheit"*.

Betrachten wir alle diese Veränderungen der negativen Karten, so fällt auf, wie gut die „neuen" Karten bzw. die Reframings ins Gesamtbild passen. Heike ist sich ihrer Stärken bewußt und kann sie gezielt einsetzen, um negative Bereiche zu verändern und problematisch erlebte Themen anzupacken.

Heikes Fazit

Heike beschreibt die unmittelbare Auswirkung der intensiven Panorama-Arbeit als hilfreich und positiv.

▶ Der Überblick hilft ihr, mehr Verständnis zu gewinnen – für sich selbst, für ihren Partner und für ihre gemeinsame Situation.

▶ Durch das Herausarbeiten der guten Absicht hinter den negativ bewerteten Karten kann sie diese „Schwachstellen" lockerer sehen und bekommt neue Impulse, wie es in bestimmten Lebensbereichen für sie weitergehen kann.

▶ Heike ist sehr zielorientiert, und daher fällt es ihr leicht, aus ihren Erkenntnissen neue Ziele abzuleiten.

▶ Die Antworten auf zwei Fragen haben sich herauskristallisiert: „Wer bin ich?", „Was ist mir am wichtigsten?"

Dadurch wird eine gezielte Bündelung der persönlichen Energie möglich, um diese Werte im Leben umzusetzen.

Heikes Persönlichkeits-Panorama – Beurteilung aus der Sicht der Beraterin

Heikes Panorama spiegelt deutlich ihr persönliches Wertesystem und ihre Klarheit, die im Beratungsverlauf an vielen Stellen deutlich waren. Indem sie ihre zentralen Rollen vielschichtig definiert, lässt Heike sich viel Spielraum, um ihre Werte und Überzeugungen in die Tat umzusetzen. Sie hat auf diese Weise mehrere Lebensbereiche hinterfragt und ist entsprechend aktiv geworden. Gleichzeitig definiert Heike ihre Rollen sehr persönlich; sie sind keine Etiketten ohne persönlichen Bezug, sondern sie sind Ausdruck ihrer Individualität. Und um dies befriedigend in die Tat umzusetzen, investiert Heike durchaus Zeit und Energie. Ihre berufliche Neuorientierung spricht hier eine deutliche Sprache, ebenso die Art und Weise, wie sie ihre Beziehung mit Peter gestaltet und sich mit ihrem eigenen Kinderwunsch auseinander gesetzt hat.

Das Persönlichkeits-Panorama: die Praxis • 141

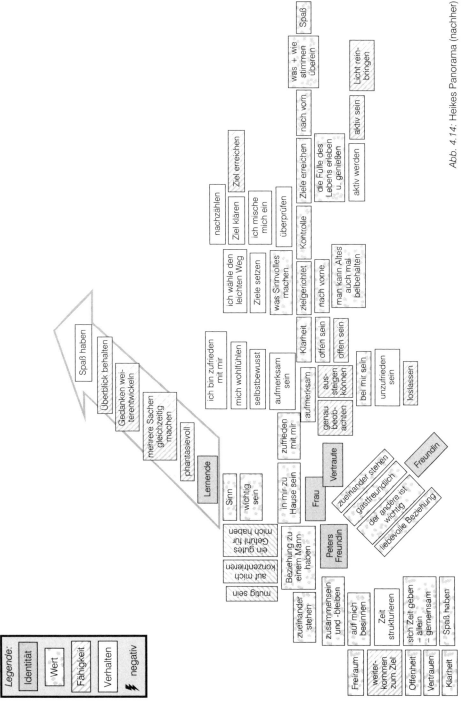

Abb. 4.14: Heikes Panorama (nachher)

Auf diesem Hintergrund macht der Einsatz des Persönlichkeits-Panoramas als Abschluß der Beratung Sinn. Das Panorama ermöglicht es der Klientin, einen „Schlussstrich" zu ziehen und die Ergebnisse der persönlichen Arbeit auf eine ganzheitliche und persönliche Weise zu betrachten. Die Beraterin kann ebenso einen Überblick über die Ergebnisse und ihre Stabilität bekommen. Speziell die Bearbeitung der negativ bewerteten Karten ist hier von besonderer Bedeutung: Sollten dabei Schwierigkeiten auftauchen, wäre das ein deutlicher Hinweis auf ungelöste Themen. Wenn die Reframing-Prozesse jedoch so leicht fallen und von der Klientin mehr oder weniger „allein" erarbeitet werden, kann man davon ausgehen, daß die Beratung im Sinne der Hilfe zur Selbsthilfe erfolgreich war.

Reibungspunkte, Probleme oder negative Erlebnisse wird es im Leben immer wieder geben; entscheidend für die Beurteilung des Beratungserfolgs ist daher nicht, ob es keine Probleme im weiteren Leben des Klienten geben wird – sondern vielmehr die Frage, wie effektiv und selbständig der Klient damit umgehen kann. Strategien, um eine gute Absicht herauszufinden oder inneren Abstand zum Problem zu gewinnen, können dem Klienten dann als wertvolles Handwerkszeug dienen, um „sein eigener Berater zu werden".

Was fällt an Heikes Panorama auf?

➤ Heike hat ihr Panorama zentral geordnet: Es ist eine sternförmige Struktur entstanden. Zusätzlich bringt sie eine dritte Dimension mit ein und geht mit einem „Zweig" des Panoramas senkrecht in die Höhe. Auf dieser vertikalen Achse ordnet sie die ganz zentralen Werte an.

➤ Das Panorama ist ausgewogen. Alle Ebenen der Persönlichkeit sind vertreten. Es gibt weder offensichtliche Leer-Räume noch überfüllte Bereiche.

➤ Zentrale Werte im Panorama sind Zielorientierung, Entwicklung und Spaß.

➤ Die Rollen werden differenziert und vielschichtig beschrieben. Es gibt mehrere zentrale Rollen, die wie in einem Netzwerk miteinander verbunden sind und sich gegenseitig stützen können.

5. Schlußgedanken: das Persönlichkeits-Panorama und NLP

Mit dem Persönlichkeits-Panorama wird NLP in eine wichtige Richtung um einen Baustein erweitert: Das Persönlichkeits-Panorama hilft bei der Diagnose, der Systematisierung und der ganzheitlichen Erfassung der Persönlichkeit des Klienten. Dieses Gebiet ist bisher im NLP noch sehr wenig entwickelt im Vergleich zu der Vielzahl seiner spezifisch ausgearbeiteten Interventionsstrategien mit unmittelbar therapeutischer Wirkung. Einige wenige Ansätze sind vorhanden; der bekannteste ist sicherlich die „Time-Line-Arbeit", die hilft, ein Problemverhalten bis zu seiner Entstehungsgeschichte zurückzuverfolgen. Dort aber wird das Problem wiederum isoliert betrachtet; der Stellenwert der Problematik für die Person als Ganzes wird allenfalls durch den aktuellen Leidensdruck repräsentiert. Für die Aufarbeitung eines speziellen Problembereiches ist das ein ausgezeichneter und wirkungsvoller Ansatz. Für eine vollständige Therapieplanung oder für ein umfassendes Coaching zur Persönlichkeitsentwicklung ist aber ein breiterer Zugang notwendig.

Ein statisches Diagnosekonzept, das eine umfangreiche Untersuchung des Klienten vor der „eigentlichen" Therapie vorsieht, würde aber der Wechselwirkung von Erkenntnis und Entwicklung nicht gerecht und wäre damit für den ganzheitlichen Ansatz des NLP untauglich. Deshalb ist es wichtig, Instrumentarien bereitzustellen, die den Kriterien des Menschenbildes im NLP entsprechen und von Beginn an ein NLP-typisches, freies und kreatives Arbeiten ermöglichen. Mit dem Persönlichkeits-Panorama ist beides gleichermaßen sichergestellt: die Systematik auf der methodischen Seite und der Freiraum für Klient und Berater auf der Beziehungsseite.

Gleichzeitig führt die Arbeit mit dem Persönlichkeits-Panorama den Klienten in die grundsätzliche Arbeitsweise des NLP ein. Er lernt wesentliche Elemente im Zusammenhang mit seinem persönlichen Selbstbild und seiner Sicht der Welt kennen. Er arbeitet nicht nur mit einzelnen, isolierten Symptomen, sondern beschäftigt sich von Anfang an mit einer ganzheitlichen Sichtweise seiner Persönlichkeit. Das hilft ihm, einen roten Faden – oder mehrere – für sich zu erkennen, zu formulieren und die persönliche Thematik in ihrem Stellenwert zu begreifen.

Das Persönlichkeits-Panorama ist deshalb aus mehreren Gründen eine typische NLP-Methode.

▶ Das Persönlichkeits-Panorama holt den Klienten dort ab, wo er steht: Dies entspricht dem Prinzip des „Pacing", das im NLP einen wichtigen Stellenwert einnimmt. Pacing ist auf den verschiedenen Ebenen möglich und unterstützt eine tragfähige Beziehung zwischen Berater und Klient.

▶ Das Persönlichkeits-Panorama baut auf einem konstruktivistischen Weltbild auf. Der Klient erschafft mit dem Panorama ein Abbild seiner subjektiven Realität: Das Panorama ist eine Metapher für seine eigene Persönlichkeit. So erweitert und ergänzt der Klient seine Selbstwahrnehmung und kann seine persönliche Entwicklung auf neue Art und Weise verstehen lernen.

▶ Die Arbeit mit dem Persönlichkeits-Panorama ist prozeßorientiert. Die Arbeit des Beraters orientiert sich am Prozeß. Der Berater sorgt für den Rahmen der gemeinsamen Arbeit. Die Inhalte liefert der Klient.

▶ Das Persönlichkeits-Panorama spricht alle Sinne an:

Sehen: Das Panorama bietet eine äußere Visualisierung der inneren Welt des Klienten. Die Karten sind farbig, werden räumlich geordnet und individuell beschriftet.

Hören: Die Arbeit läuft überwiegend verbal ab: Freies Assoziieren, Erklären, Umdeuten etc.

Spüren: Beim Sortieren und Legen des Panoramas kann der Klient seinem Mosaik nachspüren. Er kann darin oder um sein Panorama herumgehen und es auf ganz konkrete Weise be-greifen.

▶ Alle psychologischen Ebenen werden im Persönlichkeits-Panorama integriert und visualisiert. Das ermöglicht dem Klienten ein umfassendes Selbst-Verständnis. Indem er Bereiche seiner Persönlichkeit ins Bild holt, die ihm zuvor verschwommen oder nicht zugänglich waren, kann er ein neues Verständnis seiner persönlichen Thematik gewinnen. Ziele lassen sich hier ebenso ganzheitlich einordnen wie Ressourcen zu ihrer Erreichung. Indem die Schlüsselbegriffe den logischen Ebenen zugeordnet werden, ist gleichzeitig die Transfersicherung schon mit angelegt. Denn die Verhaltensebene betrifft die konkrete Umsetzung. Fähigkeiten bedeuten Entwicklungs- und Lernfelder, in denen vorhandene Strategien erweitert und neue entwickelt werden. Die Werte-Ebene betrifft dann einen wesentlichen Motor der persönlichen Entwicklung: die Motivation. Persönliche Ziele bekommen hier ihre Wichtigkeit. Und auf der Ebene der Identität hat schließlich der individuelle Zusammenhang all dieser Ebenen seinen Ursprung – im Verständnis der persönlichen Rollen und ihrer Gestaltung.

Mit dem Persönlichkeits-Panorama ergänzt der Berater sein professionelles Repertoire um ein wesentliches Instrument, das im Beratungsverlauf an verschiedenen Stellen sinnvoll eingesetzt werden kann.

Danke!

Vielen Dank –

➤ an Sabine Natzschka, die mich mit der Präsentation ihrer NLP-Master-Projektarbeit zu diesem Buch inspiriert hat;

➤ an Martin, Christian, Hans und Heike – die im wirklichen Leben anders heißen und sich als Fallbeispiel in diesem Buch beschreiben ließen;

➤ an die weiteren Klienten, die durch ihre Erfahrungen das Modell des Persönlichkeits-Panoramas mit Leben erfüllt und bereichert haben;

➤ an Claus Blickhan und Ingrid Schmidt, die bei der „Geburt" dieses Buches wesentlich geholfen haben.

6. Anhang

6.1 Persönlichkeits-Panorama – Übersicht

0. Rahmen setzen
- Einführung für den Klienten
- Ziel der Methode
- Zeitrahmen

1. Phase: Information sammeln
- Strukturiertes Interview: offene Fragen für die Ebenen der Persönlichkeit
- Identifizieren der Schlüsselwörter
- Zuordnen zu den Ebenen
- Schreiben der Karten

2. Phase: Panorama bilden
- Klient sortiert Karten nach subjektiv sinnvoller Ordnung
- Markieren der negativ bewerteten Karten
- Lücken bzw. Schwerpunkte identifizieren

3. Phase: Inhaltliches Bearbeiten
- Dissoziation sichern (Anker)
- Bearbeiten der negativen Karten (Reframing: Lernchancen?)

4. Phase: Ergebnis formulieren
- für den Klienten: Lernerfahrung, Erkenntnisgewinn
- für den Berater: Beratungsplanung
- eventuell gemeinsam: Ziele der Beratung entwickeln

eventuell Nachbearbeitung in der nächsten Sitzung: Integration von widersprechenden Werten

6.2 Positiver Zielrahmen – Übersicht

Positiv: Formulieren Sie* Ihr Ziel **positiv** – ohne sprachliche Verneinung!
Also nicht: „Ich will keine Termine mehr verschieben."
Sondern: „Ich halte meine Termine pünktlich ein."

Oekologisch:
1. Stellen Sie sicher, daß Ihr Ziel keinen anderen aktuellen Zielen widerspricht (KONTEXT).
2. Klären Sie, welchen Aufwand Ihnen die Zielerreichung wert ist (KOSTEN).
3. Überlegen Sie, wie Beteiligte und Betroffene auf die Zielerreichung reagieren werden (KONSEQUENZEN).

Sensorisch konkret: Formulieren Sie Ihr Ziel so konkret, daß Sie sich in den Zielzustand versetzen können und dort **sehen, hören und spüren**, vielleicht auch riechen und schmecken können.

Individuell: Formulieren Sie Ihr Ziel so, daß die Erreichbarkeit in Ihrer eigenen Person liegt.
Also nicht: „Meine Kollegen mögen mich."
Sondern: „Ich gehe entspannt auf meine Kollegen zu."

Testbar: Woran werden Sie merken, daß Sie sich Ihrem Ziel nähern?
Woran werden Sie merken, daß Sie sich von Ihrem Ziel entfernen?
Woran werden das andere Menschen merken?

Interessant: Formulieren Sie Ihr Ziel so, daß Sie den Kern und die persönliche Bedeutung treffen.
Formulieren Sie es in der Gegenwart! (Nicht „Ich will ..." oder: „Ich werde ..." – sondern: „Ich bin erfolgreich!")

Visionär: Wozu wollen Sie Ihr Ziel erreichen?
Gibt es vielleicht ein größeres Ziel „dahinter"?
Formulieren Sie Ihr Ziel so, daß Sie Ihre Vision und Ihre **persönliche Bedeutung** darin erkennen können!

---

* Die Fragen an den Klienten sind aus Sicht des Beraters formuliert, der seinen Klienten bei der Formulierung seines Ziels unterstützt.

6.3 Aufbau eines Dissoziations-Ankers

1. „Nehmen Sie sich jetzt einen Moment Zeit, um zur Ruhe zu kommen, und entspannen Sie sich. Atmen Sie einige Male tief aus. Konzentrieren Sie sich darauf, wie Sie sich in Ihrem Körper fühlen – wo nehmen Sie Spannung wahr, wo Entspannung? Spüren Sie, wie Sie stehen oder sitzen. Schauen Sie sich um – was sehen Sie? Was gibt es zu hören? Wenn Sie all das wahrgenommen haben ...

2. ... treten Sie nun innerlich einen Schritt zurück oder zur Seite und betrachten Sie sich selbst von außen. Versetzen Sie sich in die Rolle eines interessierten und aufmerksamen Beobachters. Was sehen Sie? Wie steht er/sie (Name des Klienten) da, wie ist seine/ihre Körperhaltung? Beschreiben Sie ihn/sie ganz genau von außen: Was sehen Sie? Was hören Sie, wenn Sie ihn/sie reden hören? Wie klingt die Stimme?

Überprüfen Sie den Abstand, den Sie zu ihm/ihr haben? Was ändert sich, wenn Sie ein Stück weiter weg gehen? Finden Sie den Abstand, der gerade richtig ist.

3. Nun geht es darum, für diesen Beobachter-Zustand einen guten Anker zu finden, einen, der Sie schnell und leicht daran erinnert, wie es ist, als interessierter Beobachter ihn/sie zu betrachten. Welcher Anker paßt für Sie? Finden Sie IHREN Anker und verbinden Sie ihn mit dieser interessierten, aufmerksamen Beobachter-Haltung. (Beispiele: eine bestimmte Art, die Hände zu verschränken, die Schultern zu lockern, den Kopf aufzurichten – oder ein tiefer Atemzug – oder ein inneres Bild, ein Symbol, ein Wort...)

Wenn Sie sich ganz klar in der Beobachterrolle wahrnehmen, dann setzen Sie Ihren persönlichen Anker."

6.4 Das klassische Six-Step-Reframing – Zusammenfassung

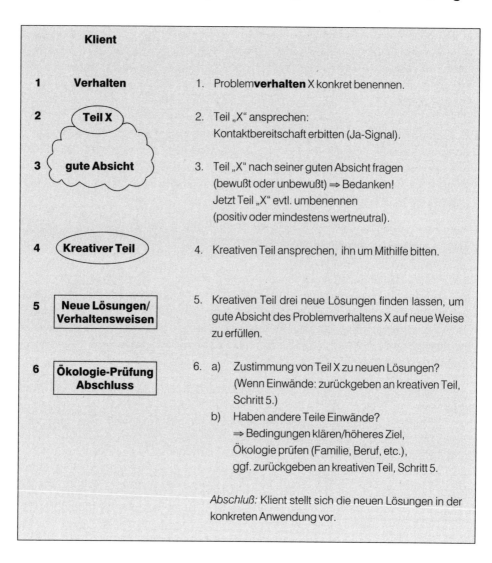

6.5 Konflikt-Integration nach Robert Dilts – Übersicht

1. Identifizieren der Anteile, die miteinander in Konflikt liegen
Identifizieren Sie die beiden Teile, die in Konflikt liegen.
Finden Sie dafür zwei Plätze im Raum (A/B).

2. Gute Absichten
Versetzen Sie sich in den einen Teil hinein (A) und beschreiben Sie als Teil A
Ihre Überzeugungen, Motive und Ziele.
Was halten Sie vom Teil B?
Nennen Sie Ihre gute Absicht für die Gesamtpersönlichkeit.
Geben Sie dann dem Teil A eventuell einen neuen, positiven Namen,
der seine gute Absicht deutlich macht.
Wiederholen Sie diese Einzelschritte dann für den anderen Teil (B).

3. Das gemeinsame Ziel
Beschreiben Sie von außen, was A und B verbindet.
Welche Überzeugung gilt für beide gleichermaßen?
Welches gemeinsame Ziel haben beide Teile?

4. Ressourcen-Transfer
Identifizieren Sie die Ressourcen beider Teile.
Was hat A, das B fehlt, und umgekehrt?
Finden Sie einen Weg zum gegenseitigen Austausch dieser Ressourcen (Geschenke).

5. Integration
Gehen Sie langsam zwischen A und B hin und her. Spüren Sie den Übergang.
Von diesem Punkt des Übergangs aus machen Sie dann einen Schritt nach vorne, um wahrzunehmen, wie sich beide Teile vereinen. So entsteht etwas Neues: Beide Teile verschmelzen in einer neuen, vollständigen Qualität. Nehmen Sie sich Zeit, um die Integration mit allen Sinnen wahrzunehmen.

6. Zukunftssicherung
Wie wird es sein, wenn Sie mit diesen neuen Erfahrungen in die Zukunft gehen?
Prüfen Sie dies an verschiedenen konkreten Situationen: Was wird anders sein – für Sie, für Ihre Familie, in Ihrem Beruf ...?

6.6 Innere Mentoren nutzen – Übersicht

1. Der Klient identifiziert eine Person, die ihn im Arbeitsprozeß unterstützen kann. Diese Person kann sein **real**: Freund, Lehrer, Berater (*nicht* Eltern),
imaginiert: Phantasiegestalt (Fee, Zauberer ...),
geschichtlich: Vorbild, Idol, Held ...

2. Der Klient stellt sich die Person vor, als wenn sie vor ihm steht: Wie sieht sie aus, wie groß ist sie, welche Kleidung trägt sie? Er beschreibt Haltung und Stimme des Mentors ebenso wie seine zentralen Fähigkeiten und Werte. Was kann er? Was ist ihm wichtig? Was vertritt er?

3. Nun wechselt der Klient in die Position des Mentors. Der Berater unterstützt ihn dabei, indem er ihm die wichtigsten Antworten aus Schritt 2 wiederholt. Besonders achtet er darauf, daß der Klient die Körperhaltung des Mentors annimmt – hier sollte ein deutlicher Unterschied zu sehen sein.

Aus dieser Position des Mentors werden nun die negativ bewerteten Karten einzeln geprüft und ihr positiver Kern formuliert. Diese positive Karte wird dann über die ursprünglich negative gelegt.

4. Der Klient verlässt die Position des Mentors, verabschiedet sich von ihm und bedankt sich bei ihm. Dann prüft er selbst noch einmal die positiv veränderten Karten, inwieweit ihm diese aus seiner Sicht stimmig erscheinen. Er kann auch weitere Ergänzungen vornehmen.

Literatur

Andreas, C.: Der Weg zur inneren Quelle. Paderborn: Junfermann ²1997

Bandler, R.; Grinder, J.: Patterns. Muster der hypnotischen Techniken Milton H. Ericksons. Paderborn: Junfermann 1996

Blickhan, C. & Blickhan, D.: Denken, Fühlen, Leben. Landsberg: mvg ⁷2000

Blickhan, C.: Miteinander reden lernen – die sieben Gesprächsförderer. Herder: Freiburg 2000

Blickhan, C.: Was schiefgehen kann, geht schief – Murphys Gesetze in der Wunderwelt der Psychotherapie. Heidelberg. Carl Auer Systeme 1999

Dilts, R.: Die Veränderung von Glaubenssystemen. Paderborn: Junfermann ²1999

Dilts, R.; Hallbom, T. & Smith, S.: Identität, Glaubenssysteme und Gesundheit. Paderborn: Junfermann ³1998

Schmidt-Tanger, M.: Veränderungscoaching. NLP im Changemanagement, im Einzel- und Teamcoaching. Paderborn: Junfermann ²1999

Personen- und Stichwortregister

Absicht, positive 42, 73, 119
Anker 62
Arbeitsrahmen 50

Bandler, Richard 17
Beobachter-
    -Haltung 62
    -Rolle 40
Beratungsplanung 21
Bilanz 12, **125**

Coaching 12

Diagnose 143
Dilts, Robert 29, 72, 76, 117, 139
Dissoziation 61, 78
    -s-Anker **62**, 64, 149

Erickson, Milton 17

Fähigkeiten 30
Familienaufträge 127
Fragen, offene 52
Frankl, Viktor 30
Fremdbild **52**, 54

Gewinn, sekundärer 47
Glaubenssätze 30
Grinder, John 17

Identität 30
Informationssammlung 52, 88
Integration 75, 123
Interventionsstrategien 143

Katalysator 11, 83, 94
Konflikt-Integration 115, 117, 151
Kreativität 47

Landkarte 18
Lebenslinien 126
Lernchance 65

Mentoren 77, 127, 152
MindMap 130
Modell der Persönlichkeit **26**, 33
Motivation 43

NLP (Neurolinguistisches Programmieren) 17

Ökologie 75
    -Prüfung 71
Ökologisch **22**, 46

Pacing 144
Perls, Fritz 17, 119
Persönlichkeits
    -entwicklung 13
    -Panorama **49, 60**, 147
Polarity Response 77
Praxis 81
    -beispiel **81**
Probleme 42
Psychologie, Humanistische 15
Psychologische Ebenen **29**, 145

Rahmen, zeitlicher **51**
Reizauswahl 27
Reframing **65**, 137
Ressourcen 24, 47, 74, 145
    -transfer 121
Rogers, Carl 15
Rollen **30**, 109
    -erwartung 32
    -gestaltung 32
    -verständnis 112

Satir, Virginia 17
Selbst-
    -Aktualisierung 15
    -akzeptanz 127
    -bild **52**, 54
Sensorisch konkret 22
Six-Step-Reframing 66, 150
Sortieren **55**

Sortier-Methode 56
Symptom 42

Teilmodelle der Persönlichkeit 45
Themenauswahl 10
Therapie-
    -erfolg 13
    -planung 143
    -ziele 11
Time-Line-Arbeit 143
Transfer 103
Türöffner 11, 96

Umwelt 29

Verarbeitung, interne 26
Verhalten 30
Vision 30

Wahlmöglichkeiten 47
Wahrnehmen 26
Wahrnehmungspositionen 39
Werte-Konflikte 72

Ziele 19, 145
Zielrahmen, positiver 22, 148

Ausbildung für die Praxis

- NLP-Practitioner und NLP-Master
- NLP-Business-Practitioner
- NLP-Business-Master
- NLP-Master-Aufbautraining
- NLP-Trainer-Ausbildung
- Coaching und Supervision

Fordern Sie unser Gesamtprogramm an!

INNTAL INSTITUT

Daniela und Claus Blickhan • Diplom-Psychologen • Lehrtrainer (DVNLP)
Asternweg 10a • 83109 Großkarolinenfeld
☎ 08031/ 50601 • Fax 08031/ 50409

www.inntal-institut.de • mail@inntal-institut.de

Information zur Aus- und Fortbildung in NLP

NLP in Winzenburg!

Es gibt nichts Gutes,
außer man tut es!

Bildungs-Akademie Hoedekenhus e.V.
Lamspringer Str. 24 - 26 • D - 31088 Winzenburg
Tel. 05184-8232 • Fax: 1688
e-mail: hoedekenhus@t-online.de
Internet: www.hoedekenhus.de

Practitioner-, Master- und Trainer-Ausbildungen
NLP & Business, Pädagogik, Coaching, SystemDynamik, Ärzte
Stimmtraining, Kreativität, Anti-Stress, Präsentation, etc

NLP in Österreich

Österreichisches Trainingszentrum für NLP

2 Tage Einführungs-, 5 Tage Intensivseminare
30 Tage Practitioner-, 27 Tage Master Practitioner-Kurs
NLP-Professional für Coaching, Mediation und Supervision
Staatlich anerkannte Ausbildung zum Lebens- und Sozialberater
Psychotherapeutisches Propädeutikum –
12-Monate-Intensivkurs

Anerkannt vom
Neuro-Linguistischen Dachverband Österreich (NLDÖ) und der
European Association for Neuro-Linguistic Psychotherapy
(EANLPt)

Dr. Brigitte Gross, Dr. Siegrid Schneider-Sommer,
Dr. Helmut Jelem, Mag. Peter Schütz

A-1094 Wien, Widerhofergasse 4
Tel: +43-1-317 67 80, Fax: +43-1-317 67 81-22
eMail: info@nlpzentrum.at, Homepage: http://www.nlpzentrum.at

---

Siekerwall 15 • 33602 Bielefeld
fon 0521-174135 • fax 0521-174162
info@e-works.de

e:works bietet internetbasierte Trainings und Beratung.
www.e-works.de

Wir geben Antworten

NLP für Einsteiger

„Denken, Fühlen, Leben" ist seit über 10 Jahren als *das* Einsteiger-Buch für NLP bekannt. Mittlerweile liegt es in der 6. Auflage in erweiterter Form vor.

Leicht verständlich und praxisnah führt es in die Grundbegriffe des NLP ein. Ein Buch für Ihre Klienten und alle, die wissen wollen, was NLP eigentlich ist.

Inhalt:

- Die Welt, in der wir leben oder Wie wir die Welt wahrnehmen

- Die Sprache des Körpers oder Wie ich mich bewege, so bin ich

- Unsere Sprache oder Wie Worte wirken

- Botschaften der Gefühle oder Was Gefühle uns sagen können

- Alles hat eine positive Seite oder Wie sich gute Absichten verwirklichen lassen

- Positiv denken – positiv leben oder Wie man Ziele erreichbar macht

- Die Kreativitätsstrategie von Walt Disney oder Wie man Ziele in die Tat umsetzt

6. Auflage, 194 Seiten, Taschenbuch
ISBN 3-478-08688-4

Bei Ihrem Buchhändler

www.mvg-verlag.de
86895 Landsberg

Coaching fürs Leben

suchen, lesen, selbst veröffentlichen ...

www.active-books.de

active-books ist ein zukunftsweisendes Gemeinschaftsprojekt von Junfermann und e-works, Bielefeld.
Wie der Name schon sagt, dreht sich auf dieser Internet-Plattform alles um **e-books**:

Autoren können ihre Texte und Manuskripte hier online veröffentlichen und so einem breiten Interessentenkreis zugänglich machen. Für active-books bieten sich Manuskripte ab 10 Seiten Umfang an – natürlich sind auch Werke mit 300 Seiten möglich. Es kommen darüber hinaus vergriffene und nicht wieder aufgelegte Bücher oder bereits erschienene Zeitschriftenaufsätze in Frage, die dann über active-books einem deutlich breiteren Leserkreis zugänglich gemacht werden können. Skripte zu Seminaren können selbstverständlich ebenfalls hier angeboten werden. Wenn Sie Ihr Manuskript bei active-books veröffentlichen möchten oder noch weitere Fragen zum ePublishing bei uns haben, helfen wir Ihnen gern weiter. Senden Sie einfach eine eMail an sc@active-books.de.

Voraussetzung für die Veröffentlichung ist, daß Sie Ihr komplettes Manuskript elektronisch gespeichert haben.

Leser finden e-books zu „ihren" Themen – ganz einfach zum Download (in der Regel gegen Gebühr) auf ihre Festplatte. Wir haben viele interessante e-books im Angebot, u.a. von bekannten Autoren wie Thies Stahl, Prof. Dr. Barbara Schott, Thomas Rückerl, Gisela Blümmert, Leonhard Schlegel und Cora Besser-Siegmund – und es werden täglich mehr ...

Das Themenspektrum ist angelehnt ans Junfermann-Verlagsprogramm und umfaßt die Kategorien *Therapie, Business, Lernen & Pädagogik, Gesundheit & Wellness, Lebenshilfe* und *Brain & Mind.*

Sie haben Fragen, Anregungen, Feedback? eMail an sc@active-books.de genügt!